FALKO LÖFFLER

Ich kann da nicht nüchtern hin

Lesen erleben

Das Buch

Regelmäßig schallt ein Ruf durchs Land, dem sich niemand entziehen kann. Er geht einher mit dem Geruch von Kaffee und Kuchen und schmeckt nach Nostalgie, Ritualen und abschätzigen Blicken. Mehrfach im Jahr kommen an einem meist prachtvoll geschmückten und üppig beladenen Tisch Leute zusammen, die sich eigentlich nichts mehr zu sagen haben. Die aber etwas verbindet, was sich nicht so leicht lösen lässt: Blutsbande.

Die Familie ruft. Immer und immer wieder.

Jemand hat einen runden Geburtstag. Jemand heiratet. Jemand stirbt. Der Kalender schreibt Weihnachten oder Ostern vor. Irgendwas ist immer, um all diejenigen zusammenzutrommeln, die nicht unbedingt etwas miteinander zu tun haben wollen.

Der Familie entkommen Sie nicht.

Doch Rettung naht. Dieses Buch will Ihnen helfen, den Dschungel der Familienfeiern lebend und hoch erhobenen Hauptes zu durchqueren. Auf den folgenden Seiten werden schonungslos alle möglichen Situationen geschildert, in die Sie geraten können, versehen mit Tipps und Tricks, wie sich das Beste daraus machen lässt.

Bleiben Sie stark. Vielleicht denken Sie, dass Sie nichts mehr erschrecken kann. Doch leider irren Sie sich. Denn besonders im Hinblick auf Familienfeiern ist grundsätzlich noch jede Menge Luft nach oben ...

Der Autor

Falko Löffler wurde 1974 in Lauterbach/Hessen geboren. In Marburg hat er Literatur- und Medienwissenschaft studiert und einige Jahre bei einem Videospieleentwickler in Frankfurt gearbeitet. Seit 2003 ist er freier Autor von Romanen, Drehbüchern und Computerspielen. Er lebt mit seiner Frau und zwei Kindern im Vogelsberg.

Falko Löffler

Ich kann da nicht nüchtern hin

Familienfeiern und wie man sie überlebt

GOLDMANN

Dieses Buch ist auch als E-Book erhältlich.

Verlagsgruppe Random House FSC® N001967
Das FSC®-zertifizierte Papier *Holmen Book Cream* für dieses Buch
liefert Holmen Paper, Hallstavik, Schweden.

2. Auflage
Originalausgabe November 2014
Copyright © 2014 by Wilhelm Goldmann Verlag, München,
in der Verlagsgruppe Random House GmbH
Umschlaggestaltung: UNO Werbeagentur, München,
unter Verwendung eines Motivs
von SuperStock/gettyimages
Lektorat: Doreen Fröhlich
DF · Herstellung: Str.
Satz: dtp im Verlag Katharina Schleicher
Druck und Bindung: GGP Media GmbH, Pößneck
Printed in Germany
ISBN: 978-3-442-15843-0
www.goldmann-verlag.de

Besuchen Sie den Goldmann Verlag im Netz

Für meine Familie.
Die weiß, wie man feiert.

Inhalt

Vorwort: Du hast dich ja kaum verändert! 9

Familienfeiern für Fortgeschrittene 13

Kleine Einladungs-Psychologie 14 · Der Veranstaltungsort 20 · Geschenke mit Aussagekraft 30 · Optimierung der Feierzeit: Ausreden 35 · Ihr Auftritt 39 · Der Händedruck 40 · Gute Gesellschaft 46 · Als Ehepaar auf einer Feier 61 · Garderobe 64 · Die Rede 66 · Die Kaffeetafel 69 · Die Schlacht am Büfett 73 · Stimmung am Siedepunkt – die Polonaise 79 · Das Unterhaltungsprogramm 81 · Fotobeweise vermeiden oder selbst herstellen 83 · Die Bedienung – kundennahe Logistik 86 · Musik – der Stimmungskiller 88 · Der ultimative Beziehungstest 89 · Kindlicher Spaß 94 · Alter! 95 · Undercover in der Wohnung des Gastgebers 97 · Gesprächsthemen 103 · Wenn Sie die Verwandtschaft nicht erkennen ... 106 · Ein angetrunkener Gast ist verschwunden! 109 · Wie Sie verhindern, dass man SIE wegschafft, wenn Sie betrunken sind 111 · Wie Sie sich verhalten, wenn Sie an einem Ort zu sich kommen, der NICHT die Feier ist 113 · Ihr Abgang 115 · Feiern ohne Ende 118 · Letzter Ausweg: Krankheiten 121

Runde Geburtstage: So jung kommen
wir nicht wieder zusammen 126

Freiheit! Der 20. Geburtstag 131 · Wann gibt's Nachwuchs? Der 30. Geburtstag 134 · Helfen Sie mir über die Straße! Der 40. Geburtstag 137 · Zu alt für Vernunft! Der 50. Geburtstag 141 · Im schnellen Vorlauf! Der 60. bis 75. Geburtstag 143 · Nägel mit Köpfen! Der 80. Geburtstag 144 · Letzte Bestellung! Der 100. Geburtstag 147

Öffentliche Treueschwüre
verschiedener Schweregrade 151

Verlobung und Verhinderung 152 · Junggesellenabschied –
Abschied von der Zivilisation 155 · Hochzeit – bis dass der
Chaot euch scheidet 159 · Silberne Hochzeit – der Prozess der
Gewöhnung 175 · Goldene und diamantene Hochzeit – fort-
schreitende Symbiose 178

Feiern mit dem eigenen Nachwuchs 180

Die Taufe – Antrittsbesuch in der Familie 180 · Einen Kindergeburtstag überleben 184 · Mit Babys oder Kleinkindern auf
Feiern unterwegs 193 · Mit Teenagern im Schlepptau 195

Weihnachten – Das Fest der Lüge 197

Die Ankunft 199 · Das Essen 200 · Heiligabend – eilig Abend
202 · Der 1. Weihnachtsfeiertag – mehr Familie 213 · Der 2.
Weihnachtsfeiertag – die Restfamilie 215 · Zwischen den
Jahren – zwischen allen Stühlen 216

Silvester mit der Familie 219

Schmelzkäse für Fortgeschrittene 220 · Bleigießen – das
Horoskop für Verklemmte 223 · Der korrekte Umgang mit
Böllern (Zielübungen) 224 · Neujahrsempfang – Ich kann da
nicht ausgenüchtert hin 225

Ostern – Wie man sich den Frühling verdirbt 230

Karfreitag – Einkehr oder Kehraus 231 · Ostersamstag – Groß-
einkaufstag 232 · Ostersonntag – das große Rumeiern 234 ·
Ostermontag – Wiederauferstehung aus dem Fresskoma 236

Beerdigung 238

Das Pokerface trainieren 239 · Erfolgreich Häme verbergen
242 · Die eigene Beerdigung 243

Eine Utopie: die perfekte Feier 246

Nachwort 249

Vorwort:
Du hast dich ja kaum verändert!

Regelmäßig schallt ein Ruf durchs Land, dem sich niemand entziehen kann. Er geht einher mit dem Geruch von Kaffee und Kuchen und schmeckt nach Nostalgie, Ritualen und abschätzigen Blicken. Regelmäßig kommen an einem meist prachtvoll geschmückten und üppig beladenen Tisch Leute zusammen, die sich eigentlich nichts mehr zu sagen haben. Die aber etwas verbindet, was sich nicht so leicht lösen lässt: Blutsbande.

Die Familie ruft. Immer und immer wieder.

Jemand hat einen runden Geburtstag. Jemand heiratet. Jemand stirbt. Der Kalender schreibt Weihnachten oder Ostern vor. Irgendwas ist immer, um all diejenigen zusammentrommeln zu können, die nicht unbedingt etwas miteinander zu tun haben wollen.

Doch der Familie entkommen Sie nicht.

Egal, wo auf dem Erdball Sie mittlerweile wohnen – wenn eine Einladung Sie erreicht, dann werden Sie sich artig bedanken und das Ganze abnicken. Sie werden auch dann strammstehen, wenn eine Einladung nicht mal nötig ist, weil selbstverständlich vorausgesetzt wird, dass Sie antanzen. Auch wenn Sie sich im ersten Moment davor drücken möchten ... schließlich sagen Sie zu.

Nicht etwa, weil Sie glauben, Sie würden bei dem Anlass großen Spaß erleben. Nein, Sie sind nur genauso begierig auf den neuesten Klatsch über die anderen, wie es auch umgekehrt der Fall ist. Und Sie möchten nicht unbedingt durch Ihr Fortbleiben bestimmten Verwandten eine Angriffsfläche bieten, damit sie hinter Ihrem Rücken ablästern, schwarzmalen und/oder Sie enterben können.

Bereiten Sie sich also dementsprechend vor, um die bucklige Verwandtschaft auf den neuesten Stand zu bringen. Lügen Sie über die letzte Gehaltserhöhung, Ihre tolle Wohnung, das neue Auto. Strengen Sie sich an, Ihr Leben ins beste Licht zu rücken. Wenn Sie gerade frisch liiert sind, bringen Sie Ihre neue Freundin oder Ihren neuen Freund mit, damit diese sich fortan keine Illusionen mehr über Ihre Herkunft machen. Früher oder später muss sich die Beziehung dem prüfenden Blick der Familie stellen. Besser, Sie machen gleich Nägel mit Köpfen. Wundern Sie sich also nicht, wenn Sie nach einer Familienfeier wieder Single sind – die Beziehung wäre früher oder später an anderen Dingen zerbrochen, wenn sie nicht mal die geballte Verwandtschaft erträgt.

Bei Ihrem eigenen Geburtstag, Ihrer Hochzeit oder was Ihnen sonst noch widerfährt, können Sie die Geschicke steuern, indem Sie beispielsweise die richtigen Gäste einladen oder den Ablauf organisieren. Zumindest so weit, wie die Familie es zulässt, denn am liebsten möchte sie natürlich überall mitreden. Doch wenn Opa, Schwiegermutter oder Cousine rufen, sind Sie zu Gast und können nur bedingt Einfluss auf das Geschehen nehmen. Sie finden sich unweigerlich neben Menschen wieder, die zwar ein paar Gene mit Ihnen teilen, aber politisch am anderen Ende des sichtbaren Spektrums stehen. Erstarrte Rituale werden bei diesen ach so feierlichen Anlässen aufgeführt, die Sie alle schon auswendig kennen. Erschrocken stellen Sie fest, dass die Verwandten von Ihrem Leben als Kleinkind mehr wissen als Sie selbst (es gelingt ihnen mühelos, all das wieder ans Tageslicht zu holen, was Sie so erfolgreich verdrängt hatten). Am Nachmittag kommt es gerne zu einer spontanen gnadenlosen Psychoanalyse, sodass Sie bald erwägen, sich in die viel zu kurze Kuchengabel zu stürzen, um dem Elend ein Ende zu machen.

Doch verzweifeln Sie nicht, denn Rettung naht. Dieses Buch will Ihnen helfen, den Dschungel der Familienfeiern lebend und hoch erhobenen Hauptes zu durchqueren. Auf den folgenden Seiten werden schonungslos alle möglichen Situationen geschildert, in die Sie geraten können, versehen mit Tipps und Tricks, wie sich das Beste daraus machen lässt.

Bleiben Sie stark. Wenn Sie schon einiges an Erfahrung auf dem Buckel haben und Ihre Seele vernarbt ist, denken Sie vielleicht, dass Sie nichts mehr erschrecken kann. Doch leider irren Sie sich. Denn besonders im Hinblick auf Familienfeiern ist grundsätzlich noch jede Menge Luft nach oben.

Vermutlich werden Sie beim Anblick der gefürchteten Einladung zu einem beliebigen Event im »Kreise der Lieben« verzweifelt murmeln: *Ich kann da nicht nüchtern hin.*

Nun, Alkohol ist auch keine Lösung.* Vielleicht bevorzugen Sie es ja, bei klarem Verstand zu sein, oder Ihnen steht nicht der Sinn danach, einen Kater zu haben. Gerade wenn Sie Alkohol vermeiden wollen oder müssen, kann dieses Buch Ihnen helfen, eine Familienfeier ohne bleibende Schäden (psychologisch oder durch Handgreiflichkeiten) zu überstehen. Sie *müssen* also nicht angeschickert zu einem Familienfest, um es zu überleben. Aber es ist eine bedenkenswerte Option. Sollten Sie kein Problem mit Alkohol haben, die Autoschlüssel jemand anderem in die Hand drücken können und auch sonst keinerlei verantwortungsvolles oder beispielhaftes Image auf der Feier aufrechterhalten müssen, dann suchen Sie sich einen Platz in Thekennähe oder bestechen Sie die Bedienung, damit Sie als Premiumkunde angesteuert werden.

Sie können mit oder ohne Alkohol gute Laune haben und eine Familienfeier, an der Sie teilnehmen müssen, zu einem unvergesslichen Erlebnis machen. Vor allem für die anderen Gäste. Sie müssen nur wissen, wie Sie es geschickt anstellen.

Oder Sie machen den Ninja und streben danach, überhaupt nicht gesehen zu werden.

So oder so: Sie sind herzlich eingeladen. Viel Spaß!

---

* Chemisch gesehen ist Alkohol oft Teil einer Lösung, aber mit diesem Wissen werden Sie auf Ihrer Familienfeier auch niemanden mehr beeindrucken, wenn die Verdauungsschnäpse zum ersten Mal die Runde machen.

Familienfeiern für Fortgeschrittene

Dies ist kein Ratgeber, der Sie dabei unterstützt, die perfekte Familienfeier zu organisieren. Eine, bei der sich alle in den Armen liegen, gemeinsam singen und tanzen und danach mit einem Lächeln auseinandergehen, in der Vorfreude darauf, dass bald wieder alle anlässlich des nächsten familiären Gelages zusammenkommen.

Solche Feiern mag es geben. Sie sind Selbstläufer und brauchen keine Planung im Vorfeld, keine Kontrolle, während sie ablaufen, und weil es nicht zu Streitigkeiten, Schlägen oder Schusswechseln kommt, muss danach nicht mal der Kampfmittelräumdienst anrücken.

Bei Ihnen wird es zu so einem idyllischen Szenario natürlich nicht kommen, denn Ihre Familie ist anders als die anderen. Daher brauchen Sie auch keine Ratschläge für die eigentliche Gestaltung des Festes. Nein, eine Feier in Ihrer Familie ist Darwinismus pur – nur der Stärkste überlebt. Und die Tipps, die Sie hier erhalten, drehen sich genau darum, wie Sie das Match für sich entscheiden können.

Jeder Anlass bringt individuelle Umstände und Ereignisse mit sich. Bei einem runden Geburtstag mag die Jubilantin oder der Jubilant den Gästen die Leviten lesen wollen, eine Hochzeit soll bitte märchenhaft werden, und wer es wagt, die Weihnachtsstimmung zu verderben, bekommt nicht etwa einen besonders schönen Stollen geschenkt, sondern wird in einen solchen hineingeschickt.* Aber viele Dinge, die auf einer Familienfeier geschehen (sprich: schieflaufen) können, entfalten ihre Dynamik unabhängig davon. Sie sind quasi Naturgesetze und werden früher oder später zu Ritualen. Wenn Sie beispielsweise oft genug dabei sind, brauchen Sie im Grunde gar keine Uhr mehr. Sie wissen auch so, wie spät es ist, wenn die eine Tante diese eine Anekdote erzählt, oder der andere Onkel betrunken vom Barhocker kippt, oder der Erbschaftsstreit wieder ausbricht, der ins 16. Jahrhundert zurückreicht.

Bevor wir uns den konkreten Anlässen für eine Familienfeier von Geburtstag bis Beerdigung widmen, schauen wir uns doch mal die archetypischen Aspekte an, die einfach zu jedem Fest dazugehören und themenübergreifend gelten.

Kleine Einladungs-Psychologie

So wie ein Trapper anhand der Spuren im Unterholz sehen kann, ob die Jagd sich lohnen wird oder nicht, können Sie mit etwas Erfahrung und schon einem einzigen Blick auf die Einladung abschätzen, was bei dieser Familienfeier auf Sie zukommt. Als Faustregel gilt: Je individueller das Schreiben gestaltet wurde, desto formeller – und für Sie schlimmer – ist der Anlass. Der Formalitäts- und Schrecklichkeitsfaktor eines runden Geburtstages beispielsweise

---

* Und zwar den Stollen unter dem Haus, in dem bis 1971 Braunkohle abgebaut wurde und dessen Stützpfeiler inzwischen den dackelgroßen Bisamratten als Futter dienen.

lässt sich mit dem Handschrift-Quotienten ermitteln (das Verhältnis von handgeschriebenem zu vorgedrucktem Text), der uns eine wissenschaftliche Einteilung in fünf Stufen ermöglicht:

Stufe 1: 0% – 5%
Die Einladung ist ein Vordruck aus dem örtlichen Supermarkt. Bestenfalls ist im entsprechenden Feld Ihr Name handschriftlich eingetragen. Der Rest besteht aus geschwungener, fast unlesbarer Schrift auf einfachem Kartonpapier. Wurden ein paar Cent mehr investiert, blinkt Sie irgendwo ein Stanzdruck wie die Goldzähne eines abgehalfterten Profiboxers an (und ist genauso vertrauenswürdig). Diese Einladung strahlt aus, dass der Gastgeber hier eine lästige Pflicht erfüllt und ihm eigentlich egal ist, wer kommt oder nicht (aber besser weniger, dann wird es nicht so teuer).

Die Feier ist auch schon in weniger als zwei Wochen – die Kurzfristigkeit soll die Leute natürlich davon abhalten, zuzusagen. Im Kleingedruckten werden Sie angehalten, sich bis morgen zurückzumelden, sonst können Sie nicht berücksichtigt werden. Gefeiert wird in einer Gaststätte mit dem Flair einer bulgarischen Abstellkammer, das Ganze wird also eher ungezwungen als formell ablaufen. Sie können ruhig in Ihren Alltagsklamotten hingehen.

Wird meistens so gestaltet bei: 40. Geburtstagen (weil niemand gern 40 wird) und Hochzeiten, bei denen beide Familienseiten gegen die Verbindung sind.

Stufe 2: 5% – 25%

Die Einladung ist immer noch ein Vordruck, aber etwas hochwertiger. Das Papier fühlt sich dicker an, und bei der Gestaltung wurde auf einen Praktikanten aus dem Saarland zurückgegriffen. Innen ist zwar der Anlass der Feier bereits aufgedruckt, aber es gibt einen personalisierten, handschriftlichen Text, statt dass nur das Namens- und Datumsfeld ausgefüllt wären.

Das bedeutet, dass die Feier nicht ganz so formlos wie auf Stufe 1 werden wird, aber weit davon entfernt, als dass Sie in Kleid oder Anzug antanzen müssten. Erwarten Sie also eine Routineangelegenheit mit den anlassüblichen Ausfällen.

Wird meistens so gestaltet bei: 60. Geburtstagen und lustlos begangenen Silber- oder Goldhochzeiten.

Stufe 3: 25% – 50%

So wie die dazugehörige Einladung wird auch diese Feier im traurigen Mittelfeld landen. Alles an ihr ist durchschnittlich. Zwar wurde nicht die billigste Karte gekauft, die das Sortiment hergab, aber die unauffälligste. Sie müssen genau hinschauen, um zu verstehen, worum es überhaupt geht. Das Aquarellmotiv in Erdfarben auf der Titelseite lässt keinerlei Rückschlüsse auf den Inhalt zu. Innen ist ein Sinnspruch reingeschrieben, den irgendwer im 18. Jahrhundert gemurmelt hat, als er in die Midlife-Crisis kam und eigentlich niemanden von der Bagage mehr sehen wollte. Auch sonst ist ein großer Teil handschriftlich verfasst, was darauf hinweist, dass die Turnhose im

Schrank bleiben sollte. Ziehen Sie sich etwas gediegener an, aber übertreiben Sie es nicht. Hier müssen Sie keinem was beweisen. Gehen Sie ruhig in Erdfarben.

Wird meistens so gestaltet bei: runden Geburtstagen mittleren Alters, die im Herbst nachgefeiert werden, weil im Sommer kurzfristig nichts mehr frei war.

Stufe 4: 50% – 75%
Der Briefumschlag ist keine Stangenware, sondern wurde passend zur Einladungskarte gestaltet. Diese kommt nicht einfach in Form einer Klappkarte daher, sondern wurde mit Laser ausgestanzt. Nur die Titelseite ist geschmackvoll bedruckt, der Rest handgeschrieben. Hier wurde etwas mehr Aufwand betrieben, und ein Kommen wird ausdrücklich erwartet. In diesem Fall wäre Alltagskleidung eine Beleidigung (sollte eine solche allerdings Ihr Ziel sein, hätten Sie mit einem lockeren Stil leichtes Spiel). Wenn Sie also nicht auf Krawall gebürstet sind, wäre dies die ideale Gelegenheit, die guten Klamotten rauszuholen. Aber Sie wissen auch: Je länger diese Feier dauert, desto geschmackloser wird es in der Regel. Die Feier an sich ist derart durchschnittlich, dass der Gastgeber jede Art von Ausfall oder Niveaulosigkeit toleriert oder selbst herbeiführt, damit die Veranstaltung wenigstens ein bisschen Erinnerungswert erhält. Koste es, was es wolle.

Wird meistens so gestaltet bei: Goldenen Hochzeiten von Paaren, die inoffiziell seit acht Monaten getrennt leben, aber das soll niemand von der Verwandtschaft erfahren.

Stufe 5: 75% – 100%

Beim Öffnen bemerken Sie schon, dass die Einladung parfümiert ist. Je penetranter der Geruch, desto formeller der Anlass (oder desto unausstehlicher die einladende Person). Wenn beim Rausholen des Papiers kleine Glitzersterne aus dem Umschlag segeln, müssen Sie sich auf das Schlimmste gefasst machen: Entweder ist ein Kindergeburtstag geplant oder etwas, das BESONDERS SCHÖN werden soll. In beiden Fällen dürfen Sie schon beim Erhalt der Einladung in leise Verzweiflung ausbrechen. Das Schreiben wurde individuell von einem Designer hergestellt, der wahrscheinlich auch für die Inneneinrichtung bei der Feier zuständig sein wird. Wenn Sie nicht gleich negativ auffallen wollen, sollten Sie die besten Kleider tragen, die Sie im Schrank haben. Denn hier wird Wert auf Etikette gelegt. Möchten Sie es sich nicht schon am Eingang mit allen anderen verderben, kommen Sie um entsprechende Selbstaufbrezelung nicht herum. Stellen Sie sich darauf ein, dass der Gespielte-Harmonie-Faktor hier so hochgehalten wird wie die Wahlbeteiligung in Nordkorea.

Auch zu fortgeschrittener Stunde wird die betagte Feiergesellschaft ihr Bestes geben, die Contenance zu bewahren.

Wird meistens so gestaltet bei: Märchenhochzeiten, die als solche anvisiert werden, aber dann naturgemäß an der Realität scheitern.

Einladungssonderfälle

Von der Menge der Handschrift auf der Einladung abgesehen, können Sie auch andere Signale interpretieren, die schon frühzeitig Rückschlüsse auf den Charakter der Feier zulassen:

💣 Die Einladung ist ein Computerausdruck auf einem DIN-A4-Blatt: Hier hat jemand den Weg des geringsten Widerstandes gewählt. Die Einladung musste so schnell und so billig wie möglich aus dem Haus. Ein ähnlicher Umgang mit den Gästen wird zu erwarten sein. Vielleicht gibt es nicht mal etwas zu essen, nur Kaffee und Schnaps. Ausnahme: Der Text auf der Einladung ist so originell, dass die Frage der Gestaltung irrelevant wird.

💣 Der Einladung liegt Schokolade bei. Das ist eindeutig Bestechung. Man möchte Sie schon im Vorfeld milde stimmen, und Sie können mit Sicherheit davon ausgehen, dass es besonders schlimm werden wird. Prüfen Sie das Stück Schokolade auf psychoaktive Substanzen*, bevor Sie es essen. Obwohl – ach was, seien Sie mutig, essen Sie einfach drauflos, und sollten sich unerwartete Nebeneffekte einstellen, genießen Sie sie!

💣 Obwohl die Jubilarin/der Jubilar einen deutlich zweistelligen Geburtstag feiert, basiert die Gestaltung der Einladung auf einer Comicfigur oder einer knuffigen

---

* Wenn Sie Erfahrung mit solchen Dingen haben, schneiden Sie eine dünne Scheibe ab und legen Sie diese auf die Zunge. Ein charakteristisches Bitzeln wird Ihnen verraten, dass die Schokolade nicht pur ist. Ansonsten können Sie auch einen befreundeten Chemiker oder jemanden im örtlichen Polizeilabor bitten, die Schokolade unter die Lupe zu nehmen.

Maus, die melancholische Dinge in Sprechblasen von sich gibt. Erhalten Sie ein solch pubertäres Grauen, lassen Sie alle Hoffnungen fahren und schenken Sie sich einen ein.

Der Veranstaltungsort

Die Wahl der Lokalität, in der eine Feier stattfindet, ist Programm. Damit wird schon im Voraus klargemacht, welche Atmosphäre und welche Stimmung herrschen sollen. Genauer gesagt: zu herrschen haben! Ein bestimmter Ort setzt konkrete Benimmregeln voraus, an die die Gäste sich halten sollen. Je nach Tagesform können Sie sich den Gepflogenheiten des Veranstaltungsortes unterwerfen. Oder auch nicht. Das hängt natürlich davon ab, ob Sie die Feier in der beabsichtigten Form unterstützen oder doch lieber ein paar andere Akzente setzen möchten.

Nobelrestaurant

Die oder der Feiernde möchte klarstellen, dass sie oder er es im Leben zu etwas gebracht hat. Was auch immer der Anlass ist – hier sollen alle Gäste mit dem Gefühl nach Hause geschickt werden, dass sie sich selbst so etwas überhaupt nicht leisten könnten. Viele Gäste werden sich völlig deplatziert fühlen, und das ist beabsichtigt.

☺ GERN GESEHEN:
- Gut aussehende Menschen mit perfekt sitzender Kleidung.
- Piccolos und Cocktails.

- Gedämpfte Lautstärke.
- Leises Klavier.
- Mehr Besteck, als Sie Finger haben.

☹ NICHT SO GERN GESEHEN:

- Unterhemden (und sonst nichts).
- Maßkrüge.
- Wenn man die Bedienung am anderen Ende des Saals mit »HEY! CHEF!« herbeizitiert.
- Öffentliche Verbrüderung unter Zuhilfenahme zotiger Lieder.
- In die Küche stürmen und fragen, wann das verdammte Essen denn endlich fertig ist.

Landrestaurant

Weit abgelegen von Funknetzen. Die Berge auf dem Teller sind wie die Stimmung: Hausmannskost. Hier sind weder außergewöhnliche Dinge noch besondere Vorkommnisse zu erwarten. Denn auf dem Land ist die Welt noch in Ordnung. Daher auch die Wahl dieser Lokalität – hier soll alles friedlich und einträchtig zugehen. Idylle pur.

☺ GERN GESEHEN:

- Leute, die ausführlich die Hausmannskost lobpreisen.
- Gäste, die ihre Hunde mitbringen.
- Schunkeln.
- Weiterführende Traktorenkenntnisse.

☹ NICHT SO GERN GESEHEN:

- Witze übers Landleben.
- Beschwerden über den schlechten Handyempfang.
- Umgestoßene Kühe.
- Bestellung von Weinen mit komplizierten französischen Namen.
- Kleinliche Vegetarier, die sich am Schinken im Salat stören.

Mehrzweckhalle

Eine kostengünstige Lösung für eine Familienfeier: einfach eine Halle anmieten (Bürgerhaus, Sportlerheim, Turnhalle, Holzlager, Gemeinschaftsraum der Psychiatrie) und dort von einem Partyveranstalter alles aufbauen lassen. Niemand muss sich um etwas kümmern. Entsprechend mehrzweckig ist auch die Feier: Sie verströmt unweigerlich den Charme des eigentlichen Veranstaltungsortes.

☺ GERN GESEHEN:

- Leute, die beim Aufbauen helfen.
- Und beim Abbauen.
- Weitere Kühlschränke fürs Bier.

☹ NICHT SO GERN GESEHEN:

- Verwendung der Turngeräte.
- Zerkratzter Fußboden durch hochhackige Schuhe.
- Passanten, die denken, es handele sich um eine öffentliche Veranstaltung und die plötzlich den ganzen Abend an der (improvisierten) Theke stehen.

Festzelt

Ein Zelt lässt sich überall und zu jeder Zeit aufbauen. Und niemand hat Skrupel, genau das zu tun, weil es ja SOOO gemütlich ist und viel besser als eine Mehrzweckhalle, zumindest in der Wahrnehmung von Leuten, die sich auch im Urlaub freiwillig wie eine Presswurst in eine Folie namens Schlafsack mummeln. Der Wettergott empfindet den Einsatz eines Festzeltes als persönliche Beleidigung, und es ist die unausweichliche Konsequenz, dass er sich rächt, sobald es fertig aufgebaut ist: Hagel, Sturm, Gewitter, Tornados. Zu fortgeschrittener Stunde sifft das Wasser unter der Plane durch, und man kann sich nur noch notdürftig auf Brettern fortbewegen, die schnell ausgelegt werden.

☺ GERN GESEHEN:

- Leute, die Kabelbinder mitbringen, mit denen man das Gestänge im Sturm zusätzlich befestigen kann.
- Winterjacken (auch im »Sommer«*).
- Regenschirme.

☹ NICHT SO GERN GESEHEN:

- Gäste, die freien Himmel ohne ergänzenden Heizpilz ablehnen.
- Dünne, nicht wasserdichte Schuhe.

---

* Ein echter Sommertag ist es natürlich nicht. Wenn eine Familienfeier in einem Zelt durchgeführt wird, gibt sich der Herbst ein Stelldichein. Immer.

Berghütte

Oder sonst ein besonders abgelegener Ort (Hallig, Schwarzwald, Ausland). So soll sichergestellt werden, dass möglichst wenig Leute aufschlagen und nur diejenigen, die besonders leidensfähig sind – oder so hingebungsvoll (soll heißen: hörig), dass sie jeden Weg auf sich nehmen, um bei diesem Event dabei zu sein. Entsprechend besteht das Publikum nur aus Leuten, die den Anlass der Feier oder die Personen dahinter niemals kritisieren werden. Überlegen Sie sich gut, ob Sie zu diesem Kreis gezählt werden wollen.

☺ GERN GESEHEN:

- Üppige Geschenke.
- Viele Geschenke.
- Bargeld.

☹ NICHT SO GERN GESEHEN:

- Klagen über die aufwändige Anreise.
- Die Behauptung, dass die Anwesenheit des Gastes an sich schon Geschenk genug ist.
- Alphörner.

Die Anordnung der Tische

Unabhängig davon, welcher Veranstaltungsort gewählt wurde, können Sie mit Ihrer jahrelangen Erfahrung den Verlauf einer Feier schon einschätzen, wenn Sie nur zur Tür reinkommen. Wie ein Fährtenleser erkennen Sie am Aufbau der Tische bereits, was an diesem Abend alles passieren wird:

💣 **Es gibt runde Tische mit sechs Plätzen oder weniger.** Die Idee dahinter ist, dass die Leute angeregte Gespräche führen und nichts zerfasert. In der Realität bricht die Anordnung auseinander, sobald alle ihre Plätze eingenommen haben. Kaum hat der offizielle Teil geendet, beginnt das große Rumrücken an die Nachbartische.

💣 **Es gibt runde Tische mit mehr als sechs Plätzen.** Die sind noch schlimmer als die kleinen runden Tische, weil man sich nur mit den Leuten direkt neben einem unterhalten kann. Wem man gegenübersitzt, erkennt man erst, wenn man aufsteht und rübergeht. Die Gespräche können nicht zerfasern, weil sie gar nicht erst entstehen, denn möchte man mit einer anderen Person reden, die nicht direkt neben einem sitzt, muss man brüllen. Das hat zur Folge, dass alle an dem Tisch sich anbrüllen wie eine Horde Amseln, die das einzige Futterhäuschen weit und breit gefunden hat.

💣 **Es sind parallele Tischreihen aufgebaut.** Das signalisiert, dass hier Ordnung zu herrschen hat. Die Platzkarten sind keine Richtlinien, sondern Befehle, denen Folge zu leisten ist. Ausreißer werden nicht geduldet – sobald jemand mit seinem Stuhl umziehen will, stürzt sich die Bedienung auf ihn und schleift ihn an den angestammten Platz zurück. Nötigenfalls wird die betreffende Person mit Kabelbindern fixiert.

💣 **Es sind fächerförmige Tischreihen aufgebaut.** Eine Anordnung, die gern als keck wahrgenommen werden will, aber unterm Strich auch nur schräg ist. Dieser Kompromiss von einem Tischaufbau ermuntert die Gäste nur, alles nicht so eng zu sehen und treibt sie damit zum hemmungslosen Herumschieben der Tische. Wer so etwas als Gastgeber nicht tolerieren möchte, sollte die Tische unbedingt parallel aufbauen.

💣 **Die Tische sind allesamt als Quadrat oder Rechteck angeordnet.** Das Ziel ist, einen Eindruck wie die Tafelrunde von Artus zu erwecken, allerdings wurde dabei übersehen, dass die Tafelrunde so heißt, weil sie rund ist, damit niemand einen vorteilhaften Platz hat. Nun findet man kaum einen runden Tisch für 50 oder mehr Leute, also muss man praktischer denken und vernichtet damit diesen an und für sich schönen, paritätischen Gedanken (zumal manche Gastgeber den eigenen Platz mit Blumen garnieren lassen, damit man ihre hervorgehobene – sprich: bezahlende – Stellung von Weitem erkennt). Immerhin: Alle können sich immerzu sehen, alle können mindestens nonverbal miteinander kommunizieren. Sie sind also während des Essens primär damit beschäftigt, nicht versehentlich Blickkontakt mit den Leuten aufzunehmen, die Sie eigentlich ignorieren wollen. Wenn Sie mögen, denken Sie intensiv darüber nach, was das Loch in der Mitte der Gemeinschaft symbolisieren könnte und reden Sie ruhig auch mit anderen Gästen ausführlich darüber. Besonders unangenehm wird diese Anordnung, wenn aus Platzgründen auch noch Gäste in der Mitte sitzen müssen. Sie hocken also auf dem Präsentierteller und haben 90% der Anwesenden den Rücken zugewendet. Das ist eine Situation, in der sich niemand wohlfühlt. Ist der Raum sogar noch knapper, wird der gesamte Innenbereich mit Tischen vollgestellt, sodass ein Labyrinth entsteht, in dem man andauernd mit der Hosentasche an Tischkanten hängen bleibt.

💣 **Es herrscht ein einziges Durcheinander an Tischen und Stühlen.** Wer auch immer hier feiert, wollte ihrer oder seiner Kreativität Ausdruck verleihen und Nonkonformismus leben. In so einem Fall gibt es wahrscheinlich auch keine Platzkarten oder Vorgaben, und alle stehen ratlos herum, als würden sie auf einen Startschuss warten. Und das Schicksal veranlasst es dann so, dass alle Gäste bei den Leuten landen, mit denen sie eigentlich gar nicht reden wollen.

Dekoration dekodieren

Die Gestaltung, die Objekte und die Farbtöne wachsen zu einer Dekoration zusammen, die auf den ersten Blick eine bestimmte Stimmung erzeugen soll, unabhängig von der Wahl des eigentlichen Veranstaltungsortes. Darüber hinaus wird mit der Deko eine Forderung an alle Gäste gestellt: Dies ist das Ambiente, in dem ihr euch zu bewegen habt. Wagt es nicht, davon abzuweichen und passt euch der gewählten Stimmung an! Schon die Grundfarbe der Dekoration legt dabei viel verbindlich fest.

💣 **Florales Thema, überwiegend Signalfarben** wie Gelb und Rot, viele Blumenvasen. Diese Feier soll fröhlich und natürlich werden und hat auch nichts gegen Niveaulosigkeiten oder Anzüglichkeiten – diese werden sogar erwartet. Hier dürfen Sie Ihr inneres Tier entdecken und Gassi gehen lassen. Sie können davon ausgehen, dass einige Leute schon vorm Aufbau des Desserts mit halb leeren Wodka-Flaschen in der Hand auf den Tischen tanzen.

💣 **Florales Thema in Pastellfarben,** die Blumen sind zum überwiegenden Teil künstlich. Diese Feier möchte ein Beispiel von Zurückhaltung und Selbstbeherrschung werden. Wer sich danebenbenehmen möchte, ist hier fehl am Platz. Die Gespräche haben die Lautstärke der Musikuntermalung nicht zu übertönen, und diese besteht aus einem Piano, das von einem distinguierten älteren Herrn bedient wird.

💣 **Schwarz-weißes Thema,** die Deko an sich ist kaum vorhanden. Vorsicht, wenn es bei einer Hochzeit zum Einsatz kommt, denn dann steht diese Ehe von vornherein unter einem schlechten Stern. Offenbar wollen beiden Hälften des Paares deutlich machen, wie unterschiedlich sie sind, was nicht gut ist, wenn sie sich in Zukunft eine Toilette teilen müssen. Bei allen anderen Arten von Feiern gilt für diese Deko nur ein Wort: einfallslos.

💣 **Meeresthema** mit Sand auf den Tischen, alles überwiegend in Blau gehalten. Das bedeutet normalerweise, dass jemand, die oder der hier feiert, aus Norddeutschland stammt. Wenn nicht, handelt es sich um Etikettenschwindel oder einen versteckten Hilferuf, dass der Veranstalter der Feier dringend Urlaub braucht. Fragen Sie unter den Gästen nach, ob ein Psychologe anwesend ist, der diese Diagnose noch an Ort und Stelle verifizieren kann. Ist dem so, sollten Sie die Feier unverzüglich für beendet erklären und den Urlaubsfall ausrufen.

💣 **Rustikaler Stil.** Es gibt alte Laternen, Wagenräder, ja vielleicht sogar Butterfässer. Sie fühlen sich sofort ins 19. Jahrhundert zurückversetzt, und das ist auch die Absicht dieser Deko. Sie verfolgt vor allem den Zweck, die Gäste vom Gebrauch ihres Smartphones abzuhalten – diesem Erzfeind jeder zünftigen Familienfeier. Überhaupt soll die ganze Feier den Eindruck vermitteln, dass früher alles besser war.

💣 **Bayerischer Stil.** Irgendjemand hatte die Idee, eine Art Oktoberfest für Anfänger auf die Beine zu stellen, und so sieht die Feier auch aus. Es laufen Leute rum, die Bayern nur aus dem Katalog des Kostümverleihs kennen. Sie selbst hatten wahrscheinlich keine Lust auf diese Scharade und sind wie ein normaler Mensch angezogen – ein Pseudo-Oktoberfest ist wohl der letzte Ort unter der Sonne, an dem man mit einem Alltagsoutfit noch als Revoluzzer durchgeht.

💣 **Abstraktes Thema.** Die Dekoration besteht aus Dingen, die irgendwie nicht zueinanderpassen, und die Farben entstammen dem gesamten Regenbogen, einige davon machen sogar den Eindruck, dem eigentlich nicht sichtbaren Spektrum unserer Realität anzugehören. Hier möchte der Gastgeber deutlich machen, dass er nichts von Konventionen hält. Verhaltens- oder auch Essweisen, die aus dem Rahmen fallen, sind willkommen. Rechnen Sie vor allem in Berlin mit dieser Art der Dekoration.

💣 Ein weiterer Deko-Indikator, der Ihnen hilft, die Lage abzuschätzen, ist die Anzahl der Kerzen, die am Veranstaltungsort verteilt sind. Viele Kerzen bedeuten: Bei dieser Feier soll eine besonders festliche Stimmung entstehen (notfalls mit Gewalt), es sind nicht sonderlich viele Kinder anwesend, es soll bis spät in die Nacht gehen, Leute mit Feuerzeug in der Tasche sind im Vorteil. Stehen wenige Kerzen herum, gilt bei allen Punkten genau das Gegenteil.

Geschenke mit Aussagekraft

Ein kitzliges und daher gern verschwiegenes Thema ist das Geschenk, mit dem man zur Familienfeier kommt. Natürlich erkundigen Sie sich als Gast vorher, welches denn gewünscht wird. Und zack, schon stehen Sie mitten auf dem Glatteis. Denn durch diese kleine Information wird unverblümt eine Erwartungshaltung mitgeteilt – oder aber es gilt, die wahre Bedeutung der Aussage zu entschlüsseln.

Gefährlich sind gerade die Verwandten, die behaupten, überhaupt keinen Wert auf ein Präsent zu legen. Gehen Sie davon aus, dass genau das Gegenteil der Fall ist und dass diese Leute ein Mitbringsel erwarten, das originell und doch persönlich, lustig und doch gebrauchsfähig, schön und doch nicht kitschig ist – und natürlich etwas, auf das sie selbst überhaupt nicht kommen würden, sonst wäre es ja keine Überraschung.

Wenn Sie also vorsichtig antesten, was die betreffende Person denn eventuell für Wünsche haben könnte, müssen Sie die Antworten interpretieren können:

Was die Person sagt	Was die Person meint
»Ach, du brauchst mir gar nichts zu schenken.«	»Wenn du das wirklich tust, werde ich beleidigt sein, bis die Trompeten von Jericho ertönen und die Berge ins Meer stürzen.«
»Eine Kleinigkeit reicht schon. Irgendwas Süßes.«	»Eigentlich esse ich keinen Süßkram, weil ich mein Gewicht halten will – das würde ich aber niemals zugeben.«
»Ich freue mich schon darüber, wenn du dabei bist.«	»Ich spekuliere darauf, dass du überhaupt nicht kommst. Bleib weg!«
»Ich habe einen Geschenketisch/ einen Wunschzettel bei einem Versandhaus.«	»Wage es nicht, irgendwas zu bestellen, was nicht auf der Liste steht. Ich habe die ganze Wohnung schon voller Tand.«
»Ach, ich hab doch alles, was ich brauche.«	»Ach, ich habe noch lange nicht, was ich alles brauche.«
»Ich freue mich immer über Blumen.«	»Ich habe Zwergkaninchen.«
»Bring einfach einen Salat mit.«	»Bring einen Salat mit, vier Flaschen Wein und selbst gemachtes Tiramisu.«
»Ach, darüber hab ich noch gar nicht nachgedacht.«	»Ich habe genauso wenig Lust wie du, mir darüber Gedanken zu machen.«
»Etwas Geld ist immer gut.«	»VIEL Bargeld (steuerfrei) ist immer gut.«

Ein Geschenk ist immer auch ein politisches Statement von Ihnen – denn es besagt klipp und klar, wie viel Mühe Sie sich gegeben haben und was die beschenkte Person Ihnen wirklich bedeutet. Mit außergewöhnlichen und originellen Präsenten können Sie also mehr tun, als einfach nur die Pflicht zu erfüllen. Sie können allen Gästen zeigen, was in Ihnen vorgeht, ohne dass Sie die ganze Wahrheit offen aussprechen müssten:

💣 Ein 30-Zentimeter-Imitat einer bekannten Barockstatue. Damit können Sie durch die Blume sagen, dass Sie die oder den Beschenkten für einen unbedeutenden Abklatsch von jemand anderem halten.

💣 Ein Buch mit einem Titel wie »In 90 Tagen zum Traumgewicht«.

💣 Ein Kaktus. Je größer, desto besser. Preisen Sie ihn an als genügsames, formschönes Gewächs. Die oder der Beschenkte wird nicken und lächeln – und genau wissen, dass es keine andere Interpretationsmöglichkeit gibt, als den Kaktus als das zu sehen, was er ist.

💣 Ein Gutschein für den Frisör.

💣 Ein Reiseticket irgendwohin. Ohne Rückfahrkarte.

💣 Gutschein für einen Beratungstermin im Arbeitsamt.

💣 Ein Wellness-Wochenende mit Schwerpunkt »Beseitigung von Hautunreinheiten«.

Vielleicht wollen Sie mit einem Geschenk auftrumpfen, das teurer und protziger aussieht, als es ist. Das lässt sich einrichten:

💣 Eine Hibiskushecke (statt Blumen). Wird die Geschenkeecke beherrschen und alle anderen doof dastehen lassen. Die Hecke sollte aber mindestens mehrere Kubikmeter einnehmen, sonst könnten Sie ja auch gleich eine Petunie mitbringen.

💣 Mehrere 300-Gramm-Tafeln Schokolade, mit glitzerndem Geschenkband zu einem imposanten Turm zusammengebunden (immer noch günstiger als Pralinen).

💣 Modeschmuck aus dem 1-Euro-Laden, der nach Gewicht abgerechnet wird.

Natürlich können Sie auch mit der Verpackung tricksen. Wenn Sie eine Waschmaschine oder einen Kinderwagen kaufen, behalten Sie den Karton und stecken Sie das Geschenk rein. Verkleiden Sie ihn mit silbernem Geschenkpapier, das derart funkelt, dass man es kaum anschauen kann, wenn die Sonne direkt draufscheint. Das eigentliche Geschenk darin – natürlich in Berge von buntem Verpackungsmaterial gehüllt – kann dann auch ein Müsliriegel und ein Fläschchen Prosecco sein. Die oder der Beschenkte mag über die Mogelpackung nicht so erbaut sein, aber die fassungslose Ehrfurcht, die Sie bei den anderen Gästen ausgelöst haben, bleibt bestehen. Bis in alle Ewigkeit.

Ein Geschenk, mit dem Sie besonders viel Eindruck schinden können und das ohne jede Frage einen bleibenden Eindruck hinterlässt, ist ein Tier. Nun ist das natürlich ein Mitbringsel, das wohlüberlegt sein will – nicht jeder hat in seinem Leben Platz für Bello oder Lucky. Aber das macht das Geschenk auch besonders spannend, denn mit der Wahl der Tierart setzen Sie ein bedeutsames Zeichen:

- **Hund:** Sie signalisieren, dass die oder der Beschenkte das Zeug zum Rudelführer hat und bescheinigen ihm wölfische Entschlossenheit. Es sei denn, es handelt sich um einen kleinen Kläffer, der sich von keinem was sagen lässt und bevorzugt alles anbellt, was größer ist als er.

- **Katze:** Das egoistische Vieh ist ein klarer Hinweis, was Sie von der oder dem Beschenkten halten. Wird eine Frau damit beschenkt, ist das unausgesprochene Wort: Kratzbürstigkeit.

- **Zwergkaninchen:** Nur für Minderjährige zu empfehlen. Erwachsene Nichtvegetarier wittern nur die Chance auf Gulasch.

- **Hamster:** Besonders lustig, wenn man ihn mit Lebensmittelfarbe grau anmalt und als Zwergratte verschenkt.

💣 **Spinne:** Besser noch, Sie verschenken ein leeres Terrarium und wundern sich bei der Übergabe, wo die Vogelspinne denn geblieben ist. Das gibt dem Abend erst die richtige Würze.

💣 **Hausschwein:** Dürfte selbsterklärend sein.

💣 **Papagei:** Bringen Sie ihm im Vorfeld die Namen der beliebtesten Verwandten bei. Und Beleidigungen.

Optimierung der Feierzeit: Ausreden

Optimierung bedeutet in diesem Fall: So wenig Zeit wie möglich auf der Feier zu verbringen. Das können Sie einrichten – zwar nicht in dem Maße, dass Ihre Aufenthaltszeit nur in Minuten gemessen werden kann, aber es gibt einige Taktiken, mit denen Sie Ihre Verweildauer erheblich nach unten korrigieren können, ohne dass es groß auffällt. Gerade dann, wenn Sie inzwischen weit weg von Ihrer alten Heimat oder dem Ort des Geschehens leben, wird automatisch vorausgesetzt, dass Sie für jeden Anlass dankbar sind, mal wieder ein paar Tage (oder Wochen) im Kreise der Familie zu verbringen, damit die nicht dauernd hinter Ihrem Rücken über Sie lästert, sondern Ihren Lebenswandel persönlich kritisieren kann. Dazu möchten Sie ihr natürlich keine Chance geben und gleichzeitig Ihre Anwesenheit aufs Nötigste runterdrücken.

Die Gelehrten streiten, welche Aufenthaltszeit auf einer Familienfeier als lange genug gilt, sodass niemand beleidigt ist. Objektiv messbar ist nur eins: Wann auch immer Sie sich verabschieden, und sollte es in den frühen Morgenstunden sein, werden Ihnen die vorwurfsvollen Worte »Ach, du gehst jetzt schon?« entgegenschallen. Vor allem dann, wenn Sie sich nicht bei der Verwandtschaft einquartiert haben.

Gehen Sie schon bei der Planung Ihrer Verweildauer nach Ihrem Bauchgefühl. Schlagen Sie auf den offiziellen Beginn der Feier ruhig ein bis zwei Stunden drauf, bis Sie eintreffen, und inszenieren Sie Ihren Abgang so, wie es gerade in die Situation passt. Kündigen Sie bereits bei Ihrem Eintreffen an, dass Sie leider nicht lange bleiben können, und nutzen Sie das Durcheinander, wenn irgendwo etwas zu essen verteilt wird oder alle schockstarr einer Rede lauschen, um einen diskreten Abgang hinzulegen. Vielleicht haben Sie ja Glück und wider Erwarten interessieren sich nicht so viele Leute für Sie (eventuell eskaliert im Verwandtenkreis gerade eine Scheidung, auf die sich alle stürzen), und Sie können unauffällig abdampfen. Ansonsten analysieren Sie die Feier genau und zischen Sie ab, wenn gerade keiner in Ihre Richtung guckt.

Auf alle Fälle sollten Sie sowohl An- als auch Abreise optimieren, und das tun Sie, indem Sie gute Ausreden parat haben, wenn Sie später kommen oder früher wegmüssen. Und Sie sollten natürlich gut begründen können, warum Sie nicht noch ein paar Tage dranhängen.

Die perfekte Ausrede für alle Lebenslagen heißt: Stau. Denn Stau ist immer und überall. Egal, aus welchem Teil in Deutschland oder einem Nachbarland Sie anreisen – ein Stau ist geradezu vorprogrammiert. Und selbst wenn das gar nicht stimmt und Sie nur behaupten, ewig auf der Autobahn gestanden zu haben, wird niemand Ihre Worte anzweifeln. Außerdem ist Stau ein tolles Gesprächsthema – jeder kann von seinem letzten Stauerlebnis erzählen und auf die Regierung schimpfen. Schon aus diesem Grund ist eine Anreise mit dem Auto zu empfehlen. Bahn oder Flugzeug können sich natürlich auch verspäten, aber wenn es *tatsächlich* zu einer Verzögerung kommt, können Sie nicht mehr so flexibel agieren. Sind Sie mit dem Auto unterwegs, können Sie auch in Ermangelung eines Staus noch ein paar Stunden in einer atmosphärischen Autobahnraststätte zubringen oder ein paar gute Freunde besuchen – um dann über den »Stau« maulend auf dem Familienfest aufzuschlagen. Außerdem geben Ihnen Baustellen oder Umleitungen einen weiteren guten Grund, warum Sie sich schon etwas früher verabschieden müssen – im Gegensatz zu Zügen oder Flügen, die Ihnen bestimmte Zeiten diktieren, welche Sie nicht beliebig Ihrer eigenen Planung anpassen können.

WEITERE AUSREDEN:

⧗ **Haustiere.** Erfinden Sie einen Hamster, den Sie gar nicht haben, der aber so hungrig ist, dass er in seinen Backentaschen nur Nahrung für 18 Stunden einlagern kann (oder 24, je nach der Reisezeit, die Sie benötigen).

⧗ Wenn die Feier vor einem Werktag stattfindet, haben Sie LEIDER am nächsten Morgen einen dringenden **Arzttermin**. Täuschen Sie irgendeinen Verdacht auf eine schlimme Krankheit vor, weswegen der Termin so eilig ist – dann können Sie wenigstens beim nächsten

Geburtstag glücklich davon berichten, dass alles nicht so schlimm war wie befürchtet. (Siehe weiter hinten das Kapitel über Gesprächsthemen.)

⌛ **Handwerker im Haus.** Es ist gerade eine Wasserleitung gebrochen. Natürlich wollten Sie wegen so einer Lappalie nicht gleich die Feierlichkeit absagen, aber genauso natürlich müssen Sie ein Auge auf die Handwerker haben, wenn die die Wand aufreißen.

⌛ **Unaufschiebbarer Geschäftstermin**, weit weg. Können nur Sie erledigen, die Kollegen sind nicht gebrieft und prinzipiell nicht so tief in der Materie drin. Erzählen Sie irgendwas aus Ihrem Beruf, Hauptsache, es sind viele Fachbegriffe und Fremdworte drin. Wenn Sie einen Job haben, der einigermaßen alltäglich ist oder keine externen Geschäftstermine bedingt, erfinden Sie einen Nebenjob, den Sie letztens angenommen haben: Vertriebler von ökologisch abbaubaren Elektrofahrrädern, Vertreter für Kaubonbons aus Kautschukextrakt, Monteur von Abenteuerspielplätzen.

Lassen Sie jedoch stets Vorsicht dabei walten, anderweitige Verpflichtungen als Ausrede zu verwenden. Denn die Verwandtschaft wird diese natürlich abwägen: Ist Ihnen Ihr Freund, der von seiner Frau verlassen wurde und nun jede helfende Hand beim Auszug braucht, etwa wichtiger als der 67. Geburtstag von Tante Else? Oder wollen Sie wirklich lieber selbstsüchtig diese merkwürdige Geschwulst untersuchen lassen, als zur Kommunion von

Yannick-Collin zu kommen? So etwas wird im Zweifelsfall gegen Sie verwendet werden. Auf Jahre.

Ein großes Problem haben Sie, wenn Sie inzwischen auf einem anderen Kontinent leben. Natürlich ist dann der Vorteil, dass Ihnen die stinknormalen Familienfeiern erspart bleiben, aber es wird von Ihnen erwartet, dass Sie zu runden Geburtstagen, Hochzeiten und ähnlich wichtigen Sachen aufschlagen, selbst wenn die Reise anderthalb Tage dauert und fast ein Monatsgehalt verschlingt. Das gehört sich einfach so, und Ihr Cousin aus Wuppertal kommt schließlich auch, obwohl der am nächsten Montag den Gerichtstermin hat, also stellen Sie sich gefälligst nicht so an!

Sie können sich also entweder *doch* anstellen und die Konsequenzen tragen oder Sie halten die Klappe und nehmen die Weltreise auf sich.

Ihr Auftritt

Bei Feiern im Familienkreis sollten Sie vor allem eine Regel beherzigen: Kommen Sie früh – aber nicht zu früh –, damit Sie ebenso früh wieder gehen können. Pfeifen Sie auf diese beiden wirklich simplen Grundsätze, können zwei »Worst Case«-Szenarien eintreten: Entweder Sie kommen ZU FRÜH. Alle Plätze sind noch leer. Sie setzen sich irgendwohin und haben dadurch keine Kontrolle, wer in Ihrer unmittelbaren Nähe landet. Oder, schlimmer noch: Sie kommen ZU SPÄT. Erfahrungsgemäß sind dann nur noch zwei Plätze frei, einer am Kindertisch, der andere bei den Urgroßeltern aus Bulgarien.

Tauchen Sie also RECHTZEITIG auf, nämlich dann, wenn

schon einige Leute da sind und Sie noch genug Auswahl haben. Drücken Sie sich gegebenenfalls auf der anderen Straßenseite im Schatten herum und beobachten Sie die Anwesenden. Wenn die Lokalität es zulässt, können Sie auch mittels eines Fernglases von einem benachbarten Gebäude oder einem nahen Hügel aus die Lage sondieren. Sind genug Leute eingetroffen, in deren Gesellschaft Sie glauben, es aushalten zu können, stürmen Sie das Gebäude und werfen sich auf einen Platz. Halten Sie sich nicht mit Geplänkel am Eingang auf – am Ende wird Ihnen noch die perfekte Sitzgelegenheit vor der Nase weggeschnappt. Markieren Sie sie mit Ihrer Jacke, bevor Sie damit beginnen, die Feiernden zu beglückwünschen.

Sollten Sie wider Erwarten doch einmal zu früh auftauchen, weil sich zum Beispiel einfach kein Stau auftreiben ließ, so können Sie sich mit dem Begrüßungssekt verlustieren und versuchen, sich bei den Leuten einzuhaken, in deren Gesellschaft Sie den Tag oder Abend verbringen wollen. Lassen Sie sie nicht wieder los, bis Sie einen Stuhl unterm Hintern spüren, und erklären Sie diesen Leuten, dass sie keinesfalls von Ihrer Seite weichen dürfen. Halten Sie Bestechungsgeld griffbereit.

Der Händedruck

Auf einer Familienfeier werden Sie so viele Hände schütteln wie ein Kommunalpolitiker am Volkstrauertag. Sie sollten sich also die richtige Technik aneignen, damit Sie am nächsten Tag nicht mit entzündeten Sehnen in der Notaufnahme landen. Gerade ältere Gäste legen Wert auf einen RICHTIGEN Händedruck. Zumindest bei Männern. Packt eine Frau selbstbewusst zu, haben sie vor ihr Angst. Solche Leute glauben, am Händedruck den gesamten Charakter ihres Gegenübers ablesen zu können.

Diese Erfahrung haben Sie wahrscheinlich schon als Kind gemacht. Sie wurden angehalten, der ganzen Verwandtschaft die Hand zu geben und wurden mehrmals angefahren, dass Sie sich WIE EIN WASCHLAPPEN anfühlen (es sei denn, Sie waren ein Mädchen, dann hat sich dafür niemand interessiert).

Als Frau sollten Sie fest zudrücken. Richtig fest. Bei allen Verwandten und anderen Gästen. Und das, bevor die andere Person es tut. Verziehen Sie dabei keine Miene. Niemand rechnet damit, daher überrumpeln Sie die Leute. Und das ist immer gut. Wenn Sie die Spannung nur kurz, aber heftig aufrechterhalten, sollten Ihre Sehnen auch nicht leiden. Trainieren Sie vorher mit diesen Unterarm-Trainings-Stahlfeder-Dingern, von denen niemand weiß, wie sie heißen. Machen Sie damit Ihrer Familie klar, dass wir im 21. Jahrhundert leben.

Als Mann müssen Sie etwas flexibler sein und improvisieren. Wenn Sie immer fest zudrücken – wie man es Ihnen damals als kleiner Junge mit auf den Weg gegeben hat –, ist die Verwandtschaft angefressen und hält Sie für arrogant und gewalttätig. Das kann Ihnen im Grunde aber egal sein. Allerdings wollen Sie ja auch nicht die Unterarmmuskulatur übermäßig beanspruchen. Reagieren Sie angemessen auf die unterschiedlichen Handschüttel-Typen, denen Sie auf Familienfeiern begegnen:

Die Schraubzwinge

In der Regel ein älterer, dicker Mann, der nur in einer Tonlage sprechen kann: laut. Er packt Ihre Hand und drückt nicht nur zu. Nein, er gibt ein Statement ab, und es lautet: Hier und jetzt, an diesem Ort, habe ich dich, und du entkommst mir nicht. Mit meinem Händedruck zeige ich dir, dass ich recht habe. Egal, welche Themen wir heute ansprechen werden – ich habe recht. Immer. Wage es ja nicht, mir zu widersprechen, Früchtchen.

Das beeindruckt Sie natürlich überhaupt nicht, denn Sie erkennen die Schraubzwinge schon am Erscheinungsbild und dem Auftreten. Sie können sich also darauf einstellen und umgehend eine von zwei Gegenmaßnahmen einleiten, die beide gleichermaßen Geschick und Geistesgegenwart verlangen:

✋ Sie packen die Ihnen dargebotene Hand, bevor sie richtig ausgestreckt ist, drücken für den Bruchteil einer Sekunde herzhaft zu, was Ihr Gegenüber derart überrumpelt, dass Sie schnell wieder loslassen und Ihre Hand zurückziehen können. Das sorgt bei der Person für Wut und Schock und setzt sie erst mal kurzfristig außer Gefecht. Im Laufe des Abends wird sie sicher einen neuen Versuch starten, Ihre Hand RICHTIG zu schütteln, aber da können Sie fröhlich erwidern, dass Sie doch schon das Vergnügen hatten.

✋ Wenn Sie Statur und Muskelmasse haben – geben Sie Kontra. Lassen Sie den Kerl drücken. Und drücken Sie fester. Gnadenlos. Lassen Sie erst locker, wenn ein lautes Stöhnen den Raum erfüllt. Es wird aber nicht Ihres sein! Sie halten stand, denn es kann nur Einen geben! Stellen Sie sich alles wie waagerechtes Armdrücken vor.

Der kalte Fisch

Tut genau das, was Ihnen damals vorgeworfen wurde. Die Hand ist schweißfeucht, kalt und glitschig. Griff ist nicht vorhanden. Wenn Sie sanft zudrücken, flutscht die Flosse aus Ihrer raus.

Hier brauchen Sie gar nicht zu versuchen, mehr daraus zu machen. Diese Person möchte keinen Körperkontakt. Wenn Sie sie also ärgern wollen, rufen Sie aus: »Mensch, wir haben uns ja SO lange nicht mehr gesehen«, werfen sich ihr um den Hals und umklammern sie. Einige Minuten lang.

Ansonsten versuchen Sie diese fischige Hand so gut es eben geht zu schütteln und wischen danach möglichst unauffällig die Rückstände dieser Begegnung an Ihrer Kleidung ab.

Die Halterin

Es ist eine ältere Frau. Immer. Sie schüttelt Ihnen die Hand und redet mit Ihnen. Und will Sie gar nicht mehr loslassen. Männer tun so etwas nicht (es sei denn, es handelt sich um die Spezies »Grabscher«, siehe unten). Der Hintergedanke der Halterin ist natürlich, dass Sie sich gar nicht erst von ihr entfernen. Sie möchte Ihnen doch *so viel* erzählen, weil in letzter Zeit *so viel* passiert ist. Die Tochter hat diesen Investmentbanker aus London geheiratet. Der Sohn ist befördert worden. Die entfernte Tante erholt sich nur schleppend von ihrem Schlaganfall. Und Sie stehen da, drehen das Handgelenk hin und her, werden aber nicht freigegeben. Sie versuchen zu lächeln, Sie nicken, Sie sagen »Ach was!« oder »Ja, ja …« an den richtigen Stellen, in der Hoffnung, dass Sie irgendwann entlassen werden.

Das hat die Halterin aber nicht vor.

Nein, sie wird versuchen, Sie auf den Platz neben sich zu zerren. »Ach, bei uns ist noch ein Stuhl frei« – ZACK, schon sitzen Sie da, und die Halterin packt einen Ihrer Unterarme.

Sie sind verloren.

Also dürfen Sie gar nicht erst zulassen, dass sie sich in Ihnen verkrallt. Das schaffen Sie nur, wenn Sie schnellstmöglich den Kontakt lösen, und das wiederum klappt nur dann, wenn neben Ihnen beiden auch noch andere Leute anwesend sind. Wenn Sie die Halterin treffen, sollten Sie ihr als Erste die Hand schütteln, denn danach sind Sie natürlich verpflichtet, auch die anderen zu begrüßen. Tun Sie das, machen Sie jedes Mal einen eleganten Ausfallschritt zur Seite und entfernen sich somit Stück für Stück von ihr. Platzieren Sie andere Leute, die gerade herumstehen, zwischen sich und der Halterin, damit sie keinen direkten Zugriff auf Sie hat. Vorsicht: Wie ein Tyrannosaurus Rex reagiert sie auf Bewegung. Bugsieren Sie sich hinter besonders voluminöse Verwandte und rühren Sie sich nicht – irgendwann wird sie ihre Beute woanders suchen, und Sie können verschwinden. Aber schauen Sie regelmäßig hinter sich, sonst packt die Halterin Sie unbemerkt am Kleid oder am Jackett und zerrt Sie doch noch zu sich.

Der Grabscher

Ein Problem, das Sie vor allem – wenn nicht sogar ausschließlich – dann erleben, wenn Sie weiblich sind. Der Grabscher ist ein entfernter Verwandter, der seit Langem keine Frau mehr berührt hat, wofür es gute Gründe gibt und was niemand als Verlust empfindet, vor allem keine Frau. Das Händeschütteln an sich wäre ja nicht schlimm, aber leider hat er noch eine zweite Hand und die sucht bevorzugt Körperteile, die keine Hände sind ...

Die Lage ist aussichtslos. Widerspruch wird von ihm als Empfindlichkeit oder Borstigkeit deklariert, Passivität als Zustimmung. Sie können nur schlangenhaft der grabschenden Hand ausweichen und versuchen, diese zu anderen Stellen zu führen:

🖐 Auf die Warmhalteplatte des Büfetts.

🖐 In die sich schließende Ziehharmonikatür.

🖐 In den Sektkühler.

Die Runterzerrerin

Kennen Sie den *Face Hugger* aus den »Alien«-Filmen, der urplötzlich auftaucht und einem Astronauten ins Gesicht springt? Genauso ist es mit der Runterzerrerin.

Sie ist eine alte Dame, definitiv jenseits der 70, die eigentlich immer gebückt herumläuft, sich sozusagen im Schattenreich des Seins herumtreibt.

Gefühlt ist sie etwa halb so groß wie Sie, und wenn Sie ihr höflich die Hand geben, wird sie sie ergreifen, dann mit ihrer anderen Hand Ihren Oberarm packen und Sie so unvermittelt auf ihre Augenhöhe ziehen, dass Ihnen fast die Schulter ausgekugelt wird. Mit dieser Kraft haben Sie natürlich nicht gerechnet, und so sind Sie leicht aus dem Gleichgewicht zu bringen.

Wenn es eine enge Verwandte ist, wird sie Ihren Hals packen, Sie umarmen und gegebenenfalls mit Küssen übersäen. Sie sind wehrlos und laufen Gefahr, zu ersticken. Aber da müssen Sie durch. Selbst ein ziemlich dunkler Gürtel in Aikido würde Ihnen in diesem Moment nicht weiterhelfen, dem Angriff zu entgehen. Der *Face Hugger* lässt im Übrigen erst von seinem Opfer ab, wenn er mit seinem schrecklichen Tun fertig ist – und so verhält es sich auch mit der Runterzerrerin. Immerhin können Sie davon ausgehen, dass Ihnen nach dieser Begegnung nicht die Bauchdecke aufplatzt.

Es gibt leider auch keinen Weg, diesen Vollkontakt zu vermeiden. Vor der Runterzerrerin können Sie sich nicht verstecken. Für sie wäre eine Familienfeier komplett misslungen, wenn sie es nicht schaffen würde, möglichst viele Familienmitglieder zu sich ins Reich der Schatten zu ziehen – wenn auch nur für einen kurzen Moment.

Gute Gesellschaft

Trotz aller Planung, taktischem Vorgehen und Ihrem natürlichen Instinkt werden Sie auf Feiern immer wieder neben bestimmten Leuten landen. Dann ist es wichtig zu wissen, wie diese Menschen ticken und wie Sie mit ihnen umgehen sollten, solange Sie nicht die Flucht ergreifen können. Stellen Sie sich also auf folgende Gestalten ein:

Die Großtante,
die immer diese peinliche Anekdote erzählt

Sie waren anderthalb Jahre alt – kein Baby mehr, aber noch ein gutes Stück davon entfernt, ein Kleinkind zu sein. Sie sind schon rumgelaufen, und alle fanden es total niedlich, wie Sie tapsten und plapperten.

Dann geschah das Unglück. Sie haben etwas Doofes gemacht, wie Kinder das eben so tun. Vielleicht hing es damit zusammen, dass Sie Ihre Körperfunktionen noch nicht komplett beherrscht haben, und es wurde unappetitlich. Oder Sie haben das Tischtuch der Kaffeetafel als Liane interpretiert. Oder Sie haben etwas gegessen, das nicht für Sie bestimmt war (aber immerhin nicht unmittelbar giftig). Sie selbst können sich nicht im Geringsten an die olle Kamelle erinnern, und niemanden in der Familie interessiert die Angelegenheit mehr. Niemanden ... bis auf diese eine Großtante, die damals dabei war.

»Ja, ja, ich weiß noch, wie ...« – So fängt die Alte immer wieder an. Alle Familienmitglieder schalten geistig ab, wenn sie dieses Intro hören. Und bei jedem Geburtstag kommt sie früher oder später irgendwie auf den Trichter, dass sie diese Geschichte erneut erzählen muss. Vorzugsweise mehrfach. Auch Sie würden gern auf Durchzug schalten, aber Sie sollten diesem Treiben bei der nächsten sich bietenden Gelegenheit ein für alle Mal Einhalt gebieten. Schlagen Sie zurück:

☞ Recherchieren Sie die dunkle Vergangenheit Ihrer Großtante. Irgendeine Verfehlung lässt sich immer auftreiben. Wenn sie ihren altvertrauten Einleitungssatz anstimmt, fallen Sie ihr schnell ins Wort und berichten von damals, als sie selbst den Suppentopf fallen lassen, beim Einparken ein Auto geschrammt, die Scheune in Brand gesetzt hat ...

☞ Sollten Sie nichts finden, was Sie gegen das Lästermaul ins Feld führen können, lassen Sie es fertig erzählen. Dann erwidern Sie lächelnd, dass Sie sich nicht mehr erinnern können und überhaupt ja alles so lange her ist. Alle anderen werden daraufhin mitleidig grinsen und nicken. Nach einer kurzen Pause ergänzen Sie, dass Sie sich eigentlich nur noch an dieses Gefühl der Wut erinnern können, Sie aber dummerweise nach dem Ereignis nicht an die Messerschublade rangekommen sind und dass dieser Frust Sie bis heute nicht verlassen hat. »Aber das ist ja schon sooo lange her«, schieben Sie noch hinterher und trinken entspannt einen Schluck Kaffee. Wird die Großtante blass, erzählt sie die Anekdote wahrscheinlich nicht noch einmal.

Der militante Stimmungsmacher
Es wäre schon schlimm genug, dass er sich auf die Familienfeiern freut, aber nein, es ist NOCH schlimmer. Er lebt regelrecht für diese Zusammenkünfte. Und bereitet sich generalstabsmäßig darauf vor. Wochenlang schnippelt er aus Tageszeitungen möglichst geschmacklose Witze aus und prägt sie sich ein. Das Internet zieht er bei seiner Re-

cherche traditionell nicht zurate, weil dort oft etwas anzutreffen ist, womit er gar nicht zurechtkommt: Selbstironie.

Das Motto »Ich kann da nicht nüchtern hin« gilt auch für ihn, allerdings aus anderen Gründen, als sie für Sie zählen würden. Im nüchternen Zustand ist er ein schüchterner, zurückhaltender Mensch und das genaue Gegenteil von dem, als was er sich selbst sieht, nämlich das ultimative »Party Animal«, das immer einen knorken Spruch auf den Lippen hat und andere dazu animiert, genauso unerträglich gute Laune zu haben wie er. Alle schüchternen und zurückhaltenden Menschen werden von ihm in dieser Stimmung mit den frischesten Schimpfwörtern von der Witzeseite zur Sau gemacht.

Wenn er Sie fragt: »Kennste den schon?«, schreien Sie »JA!«, deuten Sie zum hinteren Ende des Raums auf eine beliebige Person und behaupten Sie, dass diese den Witz noch nicht kennt (wie auch sonst alle Ulks der letzten Zeit).

Hat die Feier hinsichtlich Lust und Laune den Tiefpunkt erreicht, wird der militante Stimmungsmacher sich berufen fühlen, das Ruder herumzureißen. Das regelt er immer so, und die ganze Familie wartet schreckensstarr darauf. Dabei ist allen Anwesenden bewusst, dass sie nur selbst genug gute Laune verbreiten müssten, damit sie ihm keine Angriffsfläche bieten, aber wie ein Trüffelschwein lauert der Stimmungsmacher darauf, dass die Gesellschaft eine kurze Feierpause einlegt. In diesem Moment wird er die Bühne stürmen (oder einen Bereich dazu erklären, in dem er sich gerade aufhält), sich das Mikro schnappen (oder einfach brüllen) und den Alleinunterhalter geben. Rechnen Sie mit

schrägen Liedern und Zoten, die es nicht einmal ins Nacht-
programm des Offenen Kanals schaffen würden.

Wenn er ein Mikro in der Hand hält, machen Sie das Ka-
bel ausfindig und trennen Sie es durch – notfalls mit Ihren
Zähnen, bevor sich Ihr Hirn verflüssigt. Ansonsten gibt es
sicher auch einen Feueralarm, den Sie auslösen können.
Die anrückende Feuerwehr hat ohne jeden Zweifel volles
Verständnis für diesen Notfall.

Die Emo-Teenager-Nichte

Mit ihr haben Sie eine grundlegende Gemeinsamkeit: Sie
beide hassen dieses Fest. Im Unterschied zu Ihnen versucht
sie aber nicht, es zu kaschieren, außerdem hasst sie sowieso die ganze Welt (was sie auch nicht kaschiert, sondern
regelrecht betont). Sie ist gerade alt genug, »Deutschland
sucht den Superstar« komplett bekloppt zu finden, aber
hat noch nicht so viel Persönlichkeit und Geschmack entwickelt, um sich mit etwas wirklich zu identifizieren. Also
hasst sie alles und jeden, vor allem die Gäste dieser Feier
und die Musikauswahl. Sie trägt verlottertes Schwarz,
um ihrer Abscheu Ausdruck zu verleihen, und ihre Eltern
tun so, als fänden sie das gar nicht schlimm (obwohl sie
zu Hause vergeblich versucht haben, ihre Tochter zu dem
rosa Kleidchen zu überreden, das sie letztes Jahr noch so
gern getragen hat).

Sie sollten also die Gesellschaft der Emo-Teenager-
Nichte suchen, denn im direkten Vergleich mit ihr werden
Sie wie ein Füllhorn der guten Laune wirken. Die Nichte
strahlt nämlich eine derart starke Aura der Ablehnung aus,
dass die Ihrige überhaupt nicht mehr auffällt. Allerdings

sollten Sie aufpassen, dass der kleine Emo nicht gerade an diesem Abend beginnt, erste Alkoholexperimente durchzuführen, um die nächste Phase seiner rebellischen Gesinnung einzuläuten. Denn eine solche Grenzsituation könnte schnell zu gebrüllten Vorwürfen, geworfenen Kuchenstücken und einer vorzeitigen Abreise der dazugehörigen Kleinfamilie führen – nach der Sie sich nicht mehr hinter der Nichte verstecken können.

Nutzen Sie lieber die Zeit mit ihr, um auf dem Smartphone nach guten finnischen Death-Metal-Bands zu suchen, die sie dann zu Hause in voller Lautstärke hören kann.

Der alte Nazi

Eigentlich redet er nicht viel. Was vor allem daran liegt, dass er wegen des verlorenen Krieges missmutig ist. Das gilt sogar für die (inzwischen) alten Nazis, die erst nach 1945 geboren wurden. Wenn er aber mal den Mund aufmacht, sitzt jedes Wort. Er schafft es, sämtliche Themen so zu drehen, dass er durch die Blume »den Ausländern« die Schuld an was auch immer geben kann. Selbst eine Diskussion über Taubenzucht gerät bei ihm zu einem Monolog über den Briefverkehr an der Ostfront. Außerdem gilt: Je länger der Abend andauert, desto weniger Hemmungen hat er, seinen Müll abzusondern, und sucht unermüdlich und flink wie ein Windhund das nächste Gesprächsopfer. Und wenn dann noch Alkohol ins Spiel kommt, wird es besonders schlimm und laut. Natürlich konfrontiert ihn im Familienkreis niemand mit seinem mangelhaften Benehmen, denn die Tiraden werden dann nur nachdrücklicher.

»Lass ihn doch, so ist er halt«, lautet der allgemeine Tenor. Alle machen einen hohen Bogen um ihn, aber leider ignoriert er diese Vermeidungsstrategien konsequent.

Was auch immer Sie tun – äußern Sie keinesfalls Verständnis für seine Meinung, denn selbst ein Schweigen wird er als Zustimmung interpretieren. Ruck, zuck finden Sie von ihm eine Einladung zum Führergeburtstag im Briefkasten und er verbreitet im ganzen Familien- und Freundeskreis, dass Sie vernünftig geworden sind und inzwischen auf der richtigen Seite stehen (nämlich seiner).

Eine solche gefährliche Entwicklung sollten Sie mit Nachdruck – und mit Geschick – verhindern. Natürlich brauchen Sie nicht mit Vernunft oder Argumenten oder Verstand zu kommen. Wie alle Nazis ist gerade der alte Nazi dagegen immun, weil er seine Wahnvorstellungen so weit verinnerlicht hat, dass alles, was anders und überprüfbar klingt, nur beweist, dass es da draußen eine Verschwörung gegen aufrechte Menschen wie ihn gibt.

Wenn Sie bei der Feier in seinen Dunstkreis gelangen, fahren Sie am besten damit, ihn überhaupt nicht zu Wort kommen zu lassen und ihn mit seinen eigenen Waffen zu schlagen. Wird am Tisch ein Thema angesprochen und er will es mal wieder so hinbiegen, dass es ihm in den Kram passt, nehmen Sie ein Stichwort auf und ereifern sich selbst darüber. Lassen Sie sich von ihm nicht zurückunterbrechen, und reden Sie einfach weiter. Beziehen Sie die anderen Leute am Tisch mit ein – sie werden allesamt zu schätzen wissen, dass der alte Nazi nicht zu Wort kommt. Wählen Sie also am besten Themen aus, die von allen Anwesenden für viel Echo sorgen. Hier ein paar Vorschläge, wie das Ganze ablaufen kann:

Ausgangs-thema	Nazi-Wendung	Gegenwendung von Ihnen
Ziemlich kalt heute.	In Stalingrad war es erst kalt!	Die Stahlindustrie ist ja lange kein Thema mehr, heutzutage ist das Internet viel wichtiger. Apropos Internet, kennt ihr diese eine Seite mit den Katzenfotos? (etc.)
War gut Stau auf der Autobahn.	Autobahnen! Rat mal, ohne wen es die nicht geben würde!	Ja, das Straßenverkehrsamt hat wirklich alle Hände voll zu tun. Hab ich schon von meinem neuen Auto erzählt? Ich hab mir Fußmatten gekauft, die ein besonders originelles Muster haben ... (etc.)
Das Büfett könnte langsam eröffnet werden.	An der Ostfront gab's auch kein Büfett!	Ostberlin hat sich ja auch gemacht. Ich war letztens am Alexanderplatz, meine Güte, was laufen da Touristen rum! Überhaupt, Berlin ... (etc.)
Ist eigentlich Horst auch schon da?	Ich kannte auch einen Horst. Er ist nie von der Maginot-Linie zurückgekehrt!	Maginot? Mit den ganzen Rotwein-Sorten kenne ich mich nicht so gut aus. Aber vom Namen her kenne ich Riesling, Dornfelder, diesen spanischen, der in den Bauchnabel fließt, dann diesen Tetrapak, wie hieß er noch – ach ja, Sangria ... (etc.)
Bei euch am Tisch sind alle Plätze besetzt, oder?	Hier ist überfüllt wie in einem Asylanten-heim!	Letzte Woche beim Platzregen hab ich in einer Kneipe Asyl gesucht. War total nett da. Die hatten so einen Kaffee, der mit Likör gewürzt war. Gut, nach dem dritten war mir dann egal, dass es geregnet hat und ich bin einfach ... (etc.)

Die Nachwuchs-Führungskraft

Beim letzten Familiengeburtstag war er noch der nölige Abiturient und linksradikal. Er wollte die Welt verbessern, den Reichtum verteilen und irgendwas in der Entwicklungshilfe machen. Aber erst wurde das Soziologie-

Studium langweilig, dann absolvierte er ein Praktikum bei der Sparkasse und schließlich schwenkte er auf BWL um. Jetzt ist er im Hauptstudium, hospitiert bei einer großen Bank und läuft auch in seiner Freizeit nur im Anzug rum. Er redet von der Economy, von B2G, vom Reverse Flow, er strebt eine Karriere als Berater an, weiß aber noch nicht, ob er lieber nach Amerika oder Asien will, und auf einen bestimmten Geschäftszweig will er sich noch nicht committen. Er kann stundenlang über seine Karrierepläne reden und wirft sich dabei in die Chefrolle, die er für sich ganz selbstverständlich mittelfristig voraussetzt. Außerdem hat er viele Geheimtipps, welche Papiere an der Börse total unterbewertet sind. Die verrät er natürlich nicht sofort, sondern er will sich bitten lassen, sie preiszugeben. Gehen Sie nicht darauf ein, wird er Ihnen seinen Fünf-Jahres-Plan erläutern, wie die EU zu retten ist.

Wenn Sie ihm nicht aus dem Weg gehen oder ihn ignorieren können, sollten Sie ihn mit seiner Vergangenheit konfrontieren, denn tief in seinem Inneren ist er noch immer der linke Idealist und wird irgendwann daran zerbrechen, dass er sein wahres Ich unterdrückt. Beschleunigen Sie den Vorgang ruhig mit Sätzen wie:

☞ »Ach, die Börse. Ich spende ja mein überschüssiges Geld dem Regenwald und einer Koala-Aufzuchtanlage.«

☞ »Ja, über die Finanzkrise haben wir letztens bei der Obdachlosenhilfe auch gesprochen. Wusstest du, dass viele Obdachlose früher Banker waren?«

☞ »Nee, Banken zu zerschlagen ist eine doofe Idee, da hast du recht. Niederbrennen ist nachhaltiger, man sollte aber ökologisch abbaubaren Brandbeschleuniger verwenden. Außerdem kann man einen Wasserkreislauf anschließen und die Wärme rückgewinnen. Davon haben alle was.«

Wenn er sich trotz dieser Hürden nicht davon abhalten lässt, Ihnen konkrete Finanztipps geben zu wollen, sollten Sie ihm grundlegend widersprechen. Schwärmt er von Hedgefonds, betonen Sie, dass Sie nur in Gold anlegen. Schwört er auf Gold, preisen Sie den Kauf von Immobilien. Empfiehlt er Immobilien, kontern Sie mit Internet-Startups. Und so weiter. Irgendwann wird er von Ihnen genug haben, was sich gut trifft, weil es auf Gegenseitigkeit beruht.

Das Büfett-Monster

Er hat sich generalstabsmäßig auf diese Feier vorbereitet – indem er seit einer Woche eine strenge Diät einhält. Morgens nur eine Scheibe Brot (dünn mit Butter bestrichen), mittags eine Suppe, die aus warmem Leitungswasser mit einer halben Kartoffel besteht, abends Grünkohl aus eigener Zucht. Denn wenn es ein Büfett gibt, soll es sich für ihn auch lohnen. Er wird jede Komponente im Angebot essen, die meisten mehrmals. Er weiß nur noch nicht, ob er sich von links nach rechts durchfrisst oder umgekehrt.

Damit dieser hemmungslose Plan nicht sofort auffällt, hat er sich so weit unter Kontrolle, um nicht als Erster vorzustürmen, aber er wird sich mit seinem Teller garantiert unter die ersten Fünf reihen. Und er wird der Letzte sein, der noch kaut, ja, womöglich wird er sich sogar aus der Küche Nachschlag holen, wenn längst alles abgeräumt ist. Seine Gesellschaft ist unerträglich. Erstens isst er so schnell und lautstark, als hätte er eine Woche nichts zu beißen gehabt (was ja auch stimmt), zweitens kommentiert er jeden Happen im Detail, und drittens will er von Ihnen zum Büfett eine ausführliche Analyse hören. Sie haben aber keine Lust, beim Essen ausschließlich übers Essen zu reden. Also bleibt Ihnen nur eine Möglichkeit: Nutzen Sie einen seiner vielen Büfettgänge zu einem diskreten Abgang und suchen Sie die Nähe von satten Menschen. Halten Sie sich nicht damit auf, ihm ein schlechtes Gewissen wegen seiner Völlerei zu machen. Genauso gut könnten Sie versuchen, einem Profifußballer ins Gewissen zu reden, weil er jeden Tag auf einen friedlichen Lederball eindrischt.

Der bis zur Unzurechnungsfähigkeit betrunkene Gast

Selten ist es bei jeder Feier die gleiche Person. Die Wundertüte hält für Sie immer neue Überraschungen bereit, wen es diesmal darniederstreckt. Und das eröffnet Ihnen interessante Möglichkeiten, wie Sie mit dem jeweils Betroffenen umgehen können:

🍷 Sie möchten die bedauernswerte Person unauffällig aus dem Verkehr ziehen. Da hat jemand einen über den Durst getrunken, die oder der das sonst nie tut und eigentlich ganz sympathisch ist. Wahrscheinlich lag es am schlechten Umgang an diesem Abend oder akuter

Verzweiflung über die Feier an sich. Sie möchten dieser Person helfen, das Gesicht zu wahren, weil sich bei künftigen familiären Zusammenkünften sonst die Aasgeier des Tratsches über sie auslassen. Von den unmittelbaren Lästereien am nächsten Morgen beim Frühstückstisch ganz zu schweigen. Wenn die Person noch torkeln kann, suchen Sie einen verlässlichen Mitstreiter, der Ihnen hilft, und haken Sie den Betrunkenen unter. Führen Sie ihn zügig aus dem Raum. Umkurven Sie alle, die gern über Betrunkene lästern. Platzieren Sie die Person je nach Örtlichkeit in einer Abstellkammer, einem Nebenraum oder auf der Rückbank eines Autos. Beziehen Sie dabei die örtliche Witterung in Ihre Planung mit ein. Wenn ein Blizzard tobt, ist ein Kleinwagen zum Ausnüchtern vielleicht nicht ganz zu empfehlen. Am besten bringen Sie die angeschlagene Person direkt in die Unterkunft. Erzählen Sie auf der Feier etwas von einer Magenverstimmung, die sicher vom Büfett stammt – der Fisch sah durchaus etwas komisch aus.

🥂 Sie möchten die Chance nutzen und endlich die Wahrheit hören. Alkohol lockert die Zunge. Sorgen Sie also für Nachschub und sinkende Hemmschwellen. Bringen Sie Themen aus der dunklen Vergangenheit der Familie zur Sprache. Betonen Sie, dass natürlich alles vertraulich ist – die betreffende Person wird sich am nächsten Tag sowieso an nichts erinnern, also schlagen Sie gnadenlos zu! Buddeln Sie die interessantesten Familiengeheimnisse aus. Wenn's besonders spannend wird, sollten Sie die Audionotizen-Funktion Ihres Smartphones nutzen. Lassen Sie auch nach dem Ausquetschen den Alkohol weiterfließen, um sicherzustellen, dass die Person sich nicht an das Gespräch erinnert. Aber halten Sie dabei unauffällig ihre Vitalfunktionen im Auge – Sie wollen ja nicht, dass der Krankenwagen kommt und die schöne Stimmung verdirbt.

🍸 Sie möchten, dass die ganze Gesellschaft merkt, wie sich die betreffende Person zum Affen macht. Da gibt es viele Möglichkeiten. Finden Sie heraus, was die Lieblingsmusik der Person ist und sorgen Sie dafür, dass sie gespielt wird. Animieren Sie zum Vortanzen und Mitsingen. Behaupten Sie, dass alle mitmachen werden. Fragen Sie, zu welchem anderen Gast auf der Feier eine Intimfeindschaft besteht und bringen Sie die beiden zusammen. Wenn die betrunkene Person nichts mehr mitbekommt, können Sie die Kleidung optimieren (aus- und falsch herum wieder anziehen, ein Sakko zum Cape verlängern, ein drittes Hosenbein annähen) oder mit einem Edding einen Bart anmalen.

Die NSA-Tante, die Sie gar nicht treffen wollen
Sie ist mit Abstand die neugierigste Person in der gesamten Familie. Wenn irgendein Tratsch passiert, ist sie die Erste, die es weiß (oder sie ist diejenige, die ihn durch ihre endlose Neugierde selbst ausgelöst hat). Erfährt sie etwas nicht gleich, weil sie im Informationsfluss nicht ganz vorne steht, ist sie persönlich beleidigt und liefert nicht nur hässliche, sondern auch erfundene Kurzberichte über die Person, die daran schuld ist.

Das möchten natürlich nicht Sie sein. Selbst wenn Sie schon einen zweifelhaften Ruf in der Familie erworben haben, wollen Sie es ja nicht gleich verschlimmern.

Kurz: Diese Tante macht der NSA Konkurrenz, und Sie wären nicht verwundert, wenn sie auf einer Familienfeier verwanzt ist und danach zu Hause in aller Ruhe die Gespräche eingehend nachanalysiert. Wahrscheinlich wird die Behörde sie früher oder später als Beraterin engagieren.

Wenn Sie sich in die Reichweite dieser Person wagen, müssen Sie damit rechnen, dass sie Ihnen Dinge aus der Nase zieht, die Sie eigentlich für sich behalten wollten. Es gibt nur eine Möglichkeit, das zu verhindern: Begegnen Sie ihr erst gar nicht.

Wenn Sie die NSA-Tante sehen, halten Sie sich vor ihr verborgen und warten Sie, bis sie in ein Gespräch vertieft ist. Dann gehen Sie schnellen Schrittes auf sie zu, begrüßen sie im Vorbeigehen und eilen weiter. So wird sie Ihnen später nicht vorwerfen können, dass Sie ihr aus dem Weg gegangen wären.

Aber tun Sie genau das. Finden Sie gute Verstecke: in der Garderobe zwischen allen Jacken, unter den Tischen, im Kühlraum, auf dem Dach, zwischen den Bierkästen.

Vermeiden Sie immerzu den Blickkontakt mit ihr.

Der Urgroßvater mit dem Hörgerät, dessen Batterien gerade den Geist aufgegeben haben

Er will in allen Details erklärt bekommen, was Sie gerade machen. Dummerweise versteht er dabei nur jedes zehnte Wort. Sie reden nicht mit ihm, Sie brüllen immerzu. Die Wahrscheinlichkeit ist groß, dass Sie genau dann auf ihn treffen, wenn irgendwer der Meinung ist, dass man jetzt die Stimmungsmusik besonders laut aufdrehen sollte. Also verlegen Sie sich auf Zeichensprache und staunen, dass Ihr Gesprächspartner immer mehr nickt. Das scheint ja super zu funktionieren!

Erst einige Tage später erfahren Sie, dass der Urgroßvater all seinen Altersgenossen erzählt hat, dass Sie seit drei Jahren bei den Stadtwerken Bottrop bei der Müllabfuhr arbeiten.

Das sehr neugierige Kind

Bei der letzten Feier konnte es gerade so laufen und brabbeln. Jetzt kann es verdammt gut und vor allem flink laufen, wie Sie feststellen müssen, als Sie erfolglos versuchen, es abzuhängen. Und es brabbelt nicht mehr – es fragt. Es ist ja niedlich, wie Kinder ihre Welt entdecken und alles mit großen Augen anschauen, aber wenn sie daraus ein Verhör machen, hat die Niedlichkeit ein Ende. Das Kind will wissen, wie Sie heißen, wer Sie sind, woher Sie kommen, wie Sie heißen, was Sie machen, wie Sie heißen. Dann geht es zu seinen Eltern, erzählt denen, was es erfahren hat und erfindet eine Verballhornung Ihres Namens, die sogar Ihnen selbst neu ist. Dann geht es wieder zu Ihnen und will wissen, ob Sie ein Auto haben. Dann, ob Sie ein Flugzeug haben. Wenn Sie verneinen, petzt es diese Neuigkeit seinen Eltern und eilt wieder zu Ihnen. Es will zum tausendsten Mal wissen, wie Sie heißen. Dann holt es seine Spielsachen und erklärt Ihnen, was das alles ist. Sie müssen die mittelguten Spielsachen nehmen, denn die wirklich guten darf nur das Kind anfassen. Wenn Sie es wagen, etwas zu berühren, das nicht für Sie gedacht ist, weint es so laut, dass Ihnen alle Gäste vorwurfsvolle Blicke zuwerfen. Dem Spielen dürfen Sie sich nicht verweigern, weil Sie sonst von allen als herzlos gebrandmarkt werden. Obwohl noch unzählige andere Kinder auf der Feier sind, möchte dieses eine Kind nur mit Ihnen zu tun haben. Dann fragt es, wie Sie heißen.

Als Ehepaar auf einer Feier

Sie sind schon einige Zeit verheiratet und treten immer als Duett auf. Und genau daraus erwächst möglicherweise die Gefahr, dass die Verwandtschaft einen intimen Einblick in Ihre Ehe bekommt. Denn eine Familienfeier ist eine Extremsituation, vor allem dann, wenn Sie als Paar nur sporadisch teilnehmen, die Familie/n Sie also zu zweit nur unregelmäßig begutachten kann/können. Hoffentlich hängt an diesem Tag bei Ihnen nicht der Haussegen schief, denn wenn die Verwandtschaft wittert, dass etwas nicht in Ordnung ist, wird sie wie ein Orkan reinstürmen. Und nichts ist peinlicher als ein ausgemachter Ehekrach vor der versammelten Mannschaft.

Reisen Sie trotz aller guten Bemühungen mit Missstimmung im Gepäck an und Ihre Partnerin/Ihr Partner ist nicht zu besänftigen, bevor Sie den Veranstaltungsort erreichen, sollten Sie prophylaktisch jede Schuld auf sich nehmen. Leisten Sie nicht den geringsten Widerstand, halten Sie Ihr Temperament im Zaum und machen Sie während der Feier einen auf Dalai Lama: lächeln, nicken, ab und zu die Handflächen aneinanderlegen. Müssen Sie sich abreagieren, um nicht im nächsten unpassenden Moment die Fassung zu verlieren, brüllen Sie in der Toilette in den Unterarm oder suchen Sie einen Kellerraum, in dem Sie alte Polstermöbel aufschlitzen können. Ihre Kommunikation mit der Partnerin/dem Partner sollte – besonders in Gesellschaft anderer – nicht über folgende Sätze hinausgehen:

☞ »Ja, Schatz.«

☞ »Auf alle Fälle, mein Liebling.«

☞ »Da hast du natürlich recht.«

☞ »Wie sollte ich da widersprechen?«

☞ »Ich denke, du verträgst noch einen Cocktail.«

☞ »Ja, der sieht aus wie eine Bulldogge mit Verstopfung. Ja, ich bin mit ihm verwandt, nicht du. Er hat nur rein zufällig den gleichen Nachnamen wie du.«

☞ »Haha. Ha.«

Heben Sie sich den Protest ruhig für die Rückfahrt von der Feier auf. Dann dürfen Sie wieder normal miteinander reden. Also lautstark.

Kommen Sie prinzipiell oder auch nur an diesem Tag gut miteinander klar, ist eine Familienfeier immer leichter zu überstehen, egal wessen Seite auch eingeladen hat. Grundsätzlich gilt: Halten Sie sich gegenseitig den Rücken frei. Wenn Sie in die Fänge redseliger Verwandter geraten, muss nur einer von Ihnen sprechen. Ihre bessere Hälfte kann nicken und sich gedanklich auf eine weite Reise fernab dieser Feier begeben. Sind Sie lange genug verheiratet, werden Sie instinktiv die Gesprächsführung wechseln, damit Sie nacheinander Luft holen können.

Außerdem haben Sie die Kunst der Verleugnung perfektioniert – wenn bestimmte Leute nach Ihrer Partnerin/Ihrem Partner Ausschau halten, haben Sie natürlich gerade überhaupt keine Ahnung, wo diese/r sich aufhält ... So gelingt es Ihnen beiden, als gutes Team immer abwechselnd an der Familienfront zu kämpfen.

Vielleicht befinden Sie sich aber gerade in einer Lebenssituation, die nach Absprache verlangt. Gibt es bei einem von Ihnen Ärger im Job? Hat der Nachwuchs etwas angestellt? Sind Sie umgezogen? Gibt es irgendeine Ungereimtheit innerhalb der Großfamilie, die noch in Gange ist? Dann ist es wichtig, dass Sie sich eine gute Tarngeschichte zurechtlegen. Spätestens auf der Fahrt zur Feier sollten Sie alle Details absprechen und Widersprüche ausschließen. Gerade bei verhärteten Fronten innerhalb der Familie ist es wichtig, dass Sie beide auf der richtigen Seite stehen und dass Sie es gemeinsam tun. Äußert einer von Ihnen Verständnis für die Tante, die mit der Schrotflinte auf ihren Mann geballert hat, weil der sie den Kollegen auf dem Betriebsfest als »Hausdrache, aber handzahm und stubenrein« vorgestellt hat, sollte der andere nicht lautstark fordern, dass die Tante der Uniklinik als Testobjekt für Beruhigungsmittel hingestellt wird. So eine Uneinigkeit hätte nur zur Folge, dass Gerüchte über Ihre unrettbare Ehe und die bevorstehende Trennung noch vor Mitternacht als Fakt verkauft werden. Und plötzlich geht es nicht mehr um die genaue Anzahl der Schrotkugeln im Rücken des Onkels, sondern um Ihre kaputte Beziehung. Natürlich sind sich plötzlich alle in der Familie einig, dass diese immer schon unter einem schlechten Stern stand und das Ganze nur eine Frage der Zeit war. Eine solche unheilvolle Entwicklung können Sie verhindern, indem Sie das CSU-Prinzip anwenden: Treten Sie auf, als wären Sie immer und bei allem einer Meinung, und wenn es nicht der Fall sein sollte, ist das nur Propaganda von Neidern. Basta.

Garderobe

Mit der Wahl Ihrer Garderobe setzen Sie ein Zeichen – und hinterlassen schon mit Ihrem ersten Auftritt genau den Eindruck, den Sie den ganzen Abend ausstrahlen wollen. Mit Ihrer Kleidung machen Sie sich Freunde oder Feinde. Bestimmte Leute werden gar nicht erst mit Ihnen reden wollen – andere unbedingt.

Was Sie anziehen	Wen das anlockt	Wen das abstößt
Ihren besten Anzug/Ihr bestes Kleid	Die Neureichen in der Verwandtschaft	Die netten Leute
Das Trikot Ihres Lieblingsvereins	Alle gleichgesinnten Fans	Alle anderen
Bademantel	Couch-Potatos/Anhänger der griechischen Philosophie	Anhänger von Unterwäsche
Holzfällerklamotten	Alle Handwerker	Geisteswissenschaftler
Seuchenschutzanzug	Niemanden	Alle
Death-Metal-Shirt	Alle zwischen 13 und 20	Alle unter 13 und über 20
Trainingsanzug	Alle mit überteuertem Fitnessstudio-Vertrag	Couch-Potatos
Das adrette Hemd/die hübsche Bluse	Alle Großeltern	Alle, die an diesem Abend einen draufmachen wollen

Batman/Batwoman	Alle unter 13	Alle über 13
Gar nichts	Die Polizei	Alle

Accessoires

Neben dem allgemeinen Kleidungsstil helfen auch die kleinen Details Ihrer Erscheinung, einen Standpunkt zu vermitteln:

☞ **Der Pin einer politischen, religiösen oder fußballerischen Vereinigung**, der Sie lebenslange Treue geschworen haben. Je größer, desto besser. Möchten Sie das visuelle Statement besonders nachdrücklich geben, befestigen Sie den Pin im Ohrläppchen, dem Nasenflügel oder direkt auf der Stirn.

☞ **Gummihandschuhe und Mundschutz.** Besonders beeindruckend in Verbindung mit einem noblen Kleid oder Anzug. Wird zu besorgten Nachfragen führen, die Sie aber leicht wegwischen können, indem Sie auf die grauenvollen Epidemien hinweisen, vor denen das Seuchenschutzamt letztens gewarnt hat. Reine Vorsichtsmaßnahme, wirklich. Wenn Sie die Feier über Ihre Ruhe haben wollen, können Sie noch erwähnen, dass Sie auf Ihrer letzten Reise die besonders gefährdeten Gebiete nur gestreift haben.

☞ **Hut.** Wählen Sie diesen möglichst passend zum sonstigen Outfit. Er ermöglicht Ihnen, während der Reden unauffällig ein Nickerchen zu halten und schützt Sie in manchen Veranstaltungsorten vor dem unangenehmen Licht der Deckenfluter.

Die Rede

Wie Sie sicher wissen, lügen Arbeitszeugnisse von vorne bis hinten. Die Personaler haben einen Geheimcode entwickelt, auf den die Tempelritter stolz wären (vermutlich sind viele Personaler auch Templer – oder umgekehrt). Damit Bewerber nicht völlig aufgeschmissen sind, schreiben einige Whistleblower dicke Bücher, die Normalsterblichen erklären, dass Dinge wie »hat sich stets bemüht« in Wirklichkeit so viel bedeuten wie »kam oft mit der Unterhose auf dem Kopf zur Arbeit«.

Mit Reden, die auf Familienfeiern gehalten werden, ist es das Gleiche.

Natürlich soll niemand offen beleidigt werden, auf dessen Kosten gegessen und getrunken wird. Aber bevor überhaupt keiner was sagt, muss sich jemand erbarmen, den Job zu übernehmen. Das schwemmt dann in der Regel diejenigen nach vorne, die sich »stets bemüht haben«. Die folgende Typologie soll Ihnen helfen, die Rede zu überstehen, die auch dann schmerzhaft sein kann, wenn Sie nicht selbst betroffen sind:

- **Die Gattin/der Ehemann.** Die allerschlechteste Wahl, die nur zu einer von zwei Möglichkeiten führen kann. Die erste ist, dass Sie 15 Minuten gähnende Langeweile ertragen müssen. Das Leben des Geburtstagskindes wird mit tabellarischer Gründlichkeit aufgearbeitet, als ginge es um einen Wikipedia-Eintrag. Das ist vor allem deswegen schlimm, weil fast alle Anwesenden diese Details längst wissen oder bis dahin erfolgreich verdrängt haben. Die zweite Möglichkeit besteht darin, dass nun lange unterdrückte Eheprobleme ans Licht kommen. Warum nicht einfach eine solche Rede nutzen, um der Partnerin oder dem Partner mal so richtig die Meinung darüber zu geigen, wie schlimm die letzten Jahrzehnte waren? Das beginnt mit feinen Spitzen und wenn alle Glück haben, bleibt es dabei; doch wenn schon Alkohol im Spiel war, kann es zu gebrüllten Vorwürfen und geworfenen Gläsern kommen. Dann gibt es nur noch eine Rettung: Springen Sie auf den Tisch, breiten Sie die Arme aus und verkünden Sie lauthals: »DAS BÜFETT IST ERÖFFNET!«. Dann hüpfen Sie runter und eilen dorthin.

- **Die eigenen Kinder.** Sie wollen sich natürlich bei den Eltern einschleimen und das umso mehr, je älter diese sind. Da werden Anekdoten aus der grauen Vorzeit zu nostalgischen Großereignissen verbrämt, bis es der betreffenden Person selbst peinlich wird, die mit gequältem Gesichtsausdruck und dem einen oder anderen Schnaps die Salbung tapfer erträgt. Auch Sie müssen das Ganze über sich ergehen lassen. Und wenn Sie selbst zu den Nachkommen gehören – verzichten Sie darauf, eine Rede zu halten ... denn sonst enden Sie wie im nächsten Punkt.

- **Die eigenen Eltern.** Sie haben so gar keine Lust, sich einzuschleimen, sondern ihnen steht eher der Sinn danach, allen klarzumachen, wer eigentlich dafür verantwortlich ist, dass diese Feier überhaupt stattfindet. Ohne ihre Zeugungsaktivität hätte an diesem Abend ja wohl jeder beschäftigungslos zu Hause sitzen müssen.* Es werden die schlimmsten kindlichen Anekdoten rausgeholt, die sowieso jeder kennt und gern vergessen möchte.

- **Der militante Stimmungsmacher.** Siehe oben. Entweder ist er einer aus der Familie oder jemand, der glaubt, er müsse das Heft in die Hand nehmen. Die Ergebnisse sind grausam. Hier sollten Sie nicht vor einem beherzten Bodycheck zurückschrecken. Überhaupt ist es ratsam, eine Familienfeier niemals ohne ein Bündel Kabelbinder und breites Klebeband zu besuchen. Man weiß nie, wessen Arme man im Laufe des Abends hinter dem Rücken festbinden oder wessen Mund dringend verschlossen werden muss.

- **Der Chef.** Er ist es gewohnt, dass ihm andere zuhören und ihn ernst nehmen, warum sollte es also auf dieser Feier anders sein. Egal, wer schon alles Reden gehalten hat – er muss natürlich auch noch was sagen. Er lobt überschwänglich, allerdings dauert das nur drei oder vier Sätze, dann wechselt er wieder aufs Loblied auf seine Firma, die der attraktivste Arbeitgeber der Re-

---

* Leises, sehnsüchtiges Seufzen zieht bei diesem Satz durch den Saal.

gion ist. Nach der Rede verteilt er Visitenkarten seiner Sekretärin.

Die Kaffeetafel

Viele Familienfeiern bestehen primär oder ausschließlich aus diesem urdeutschen Ritual, um das uns alle anderen Naturvölker beneiden: der Kaffeetafel. Die Gäste treffen nach dem Mittagessen ein, so gegen 14 Uhr, die Tische sind gedeckt, das Volk ist hungrig. Über mehrere Stunden hinweg werden die originellsten Kuchenkreationen vertilgt und Hektoliter Kaffee getrunken. Und genau diese beiden Komponenten sind es, die über den Erfolg einer Kaffeetafel entscheiden.

Das schwarze Gold

Der Kult, der um Kaffee gemacht wird, ist nachvollziehbar. Die Bohne hat genau die aufputschende Wirkung, ohne die Sie eine Familienfeier nicht überleben können. Die Stärke des Kaffees hängt unmittelbar mit der Atmosphäre der Kaffeetafel zusammen:

☕ **Entkoffeiniert:** Das schwarze Schaf unter den Kaffees. Niemand entscheidet sich freiwillig für entkoffeinierten Kaffee. Wer ihn braucht, bekommt ihn vom Arzt reingewürgt (wortwörtlich). Sprich, nur alte, herzkranke Leute trinken entkoffeinierten Kaffee, und alle anderen müssen darunter leiden, denn arglistig verbirgt sich die wirkungslose Plörre in weißen Kannen, die nicht von denen mit dem richtigen Kaffee drin unterschieden werden können. Vielleicht hat jemand mitgedacht und kleine Aufkleber angebracht (idealerweise in der Warnfarbe Rot – *trinken Sie das hier nicht!*), aber wahrscheinlich ist das nicht der Fall und bei jedem Griff nach der Kanne müssen Sie die Umsitzenden fragen, welchen Kaffee Sie da gerade in Ihre Tasse kippen. Wenn dann alle mit der Schulter zucken, müssen Sie auf Ihre olfaktorischen Fähigkeiten vertrauen und den Simulanten aussortieren. Zustand eine Stunde nach dem Trinken dieses Kaffees: schlafend.

☕ **Schwacher Kaffee:** Entsteht vor allem aus der Unfähigkeit, eine Kaffeemaschine korrekt zu bedienen und ist untrennbar mit dem Satz verbunden: »Ach, das wird schon genug Pulver sein.« Wer so etwas auch nur denkt, sollte wissen, dass es NICHT genug Pulver ist, und schnellstens nachfüllen. Wenn Sie merken, dass der Kaffee schwach ist, können Sie entweder hoffen, dass die nächste Fuhre brauchbarer gerät, oder Sie trinken einfach die dreifache Menge, um die gewünschte Wirkung zu erzielen. Zustand eine Stunde nach dem Trinken dieses Kaffees: müde. So, so müde.

☕ **Normaler Kaffee:** Damit können Sie leben. Der Kaffee erfüllt seinen Zweck, Ihre Sinne einigermaßen auf Betriebstemperatur zu halten, und Sie müssen ihn nicht gleich literweise in sich reinschütten. Achten Sie darauf, dass der Nachschub gesichert ist, und alles ist gut. Zustand eine Stunde nach dem Trinken dieses Kaffees: auf der Hut.

☕ **Starker Kaffee:** Auch er entsteht aus der Unfähigkeit, eine Kaffeemaschine korrekt zu bedienen, nur andersrum. »Ach, da kann noch gut Pulver rein« – und schon kommt dabei ein Gebräu raus, das nur cholerische Investmentbanker als trinkbar empfinden. Sie haben die Wahl: Entweder Sie behandeln diesen Kaffee mengenmäßig wie Espresso oder Sie verdünnen ihn heimlich am Wasserhahn. Wagen Sie es nur nicht, sich über die Stärke des Kaffees zu beschweren – man würde Sie als verweichlicht auslachen. Zustand eine Stunde nach dem Trinken dieses Kaffees: Verhalten wie ein paranoides Eichhörnchen.

☕ **SEHR starker Kaffee:** Dieser Kaffee ist offensichtlich sabotiert worden, um bei einem der Gäste (oder einem Gastgeber) einen Herzinfarkt herbeizuführen … Ja, vielleicht sogar bei IHNEN?! Selbst als fanatischer Kaffeetrinker sollten Sie dieses dickflüssige »Getränk« meiden. Täuschen Sie ein Magengeschwür vor. Wälzen Sie sich nötigenfalls auf dem Boden. Zustand eine Stunde nach dem Trinken dieses Kaffees: in Unterwäsche auf dem Dach tanzend. Halten Sie sich in diesem Fall dringend vom Alkohol fern.

Falls Sie Kaffee eigentlich nicht mögen und Tee bevorzugen, sollten Sie das nur öffentlich verkünden, wenn Sie schon andere Leute mit einem Teebeutel in der Tasse gesichtet haben. Denn normalerweise wird auf einer Familienfeier darauf Wert gelegt, dass die Kaffeetafel genauso durchgeführt wird wie von alters her: nämlich mit Kaffee und Kuchen. Da sind Sonderwünsche nicht gern gesehen. Einzige Alternative: Festklammern am Kaltgetränk wie ein Waschbär an der Mülltonne.

Der Kuchen

Bei Familienfeiern ist er das Grundnahrungsmittel und die Basis für den ganzen Tag. Ohne Kuchen geht nichts – sei es klassisch am Nachmittag oder als Nachtisch des Büfetts. Dabei wird Wert darauf gelegt, dass für jeden Geschmack etwas dabei ist und dass der Nachschub niemals nachlässt. Außerdem gehört es sich so, dass nach der Feier ein jeder Gast mindestens eine Platte bunt zusammengestellter Kuchenstücke mitnimmt, die dann entweder a) im Laufe der nächsten Tage gegessen werden müssen oder b) nach einer Woche als steinharte Feierrelikte in die Mülltonne wandern, weil kein normaler Mensch länger als 48 Stunden am Stück primär von Kuchen leben kann.

Vielleicht müssen Sie auch selbst ein Exemplar mitbringen, damit die Mindestmenge im Angebot eingehalten werden kann. Regel: 1 Kuchen kommt auf 3 Gäste. Mit dieser kleinen Rechnung ist sichergestellt, dass am Ende genug übrig bleibt, denn es wäre eine Schande, wenn der Kuchen einfach nur für die Feier an sich ausreicht.

Bringen Sie etwas Abwechslung in den drögen Alltag aus Donauwelle, Apfelkuchen und Käsesahne und stellen Sie originelle Kreationen hin:

🧁 **Sahnebombe:** Einen Liter Sahne. Kühlen. Servieren.

- **Marzipizza:** Nehmen Sie einen runden Marzipanboden und garnieren Sie ihn mit Schokosoße und Kokosraspeln. Muss nicht mal gebacken werden.

- **Schmand am Stiel:** Selbsterklärend. Die Kinder lieben es.

- **Apfelkuchen retour:** Backen Sie einen Kuchen, der aussieht wie ein großer Apfel. Der Witz: Es ist überhaupt kein Apfel enthalten.

- **Gute-Laune-Bombe:** Backen Sie einen Likörkuchen nach herkömmlichem Rezept, aber ersetzen Sie den Likör durch Korn. Und verdreifachen Sie dessen Menge. Achtung: darf nicht in Kinderhände abgegeben werden.

- **Marzipanlasagne.** Wie Lasagne, nur mit Marzipan statt Hackfleisch und Brotteig statt Nudeln.

- **Döner:** Wenn Sie keine Zeit zum Backen haben, bringen Sie einfach einen extra großen Döner mit und erklären Sie, das sei eine flämische Fleischtorte.

Die Schlacht am Büfett

Es gibt Momente im Leben, in denen sich alles zuspitzt, in denen Sekundenbruchteile über den Rest Ihres Daseins entscheiden. Oder zumindest darüber, wie der Rest des Abends verlaufen wird. Niemand möchte eine halbe

Stunde beim Büfett anstehen, um dann die kümmerlichen Reste aus den lauwarmen Metallschalen zu kratzen. Andererseits wollen Sie nicht wie der ausgehungerte Typ ans Büfett stürmen, der eine Woche lang nichts gegessen hat.

Der erste Schritt besteht also in einer vernünftigen Platzwahl. Grob gesagt sollten Sie im vorderen Drittel vom Radius des Büfetts sitzen. Wenn beim Ankommen noch nicht ersichtlich ist, wo genau es aufgebaut werden soll, bringen Sie es unverzüglich in Erfahrung. Natürlich sollten Sie auch dann genau kalkulieren, in welcher Gesellschaft Sie möglicherweise landen. Gehen Sie je nach Magenzustand entweder bei der Entfernung zum Büfett oder bei der Gesellschaft Kompromisse ein.

Entscheidend ist der richtige Moment, in dem man in die Gänge kommt. Natürlich wird es nicht gern gesehen, wenn Sie als Erste oder Erster ans Büfett stürzen, einen Teller packen (unter Umständen einen Affentanz aufführen, weil dieser vorgeheizt ist und Sie sich die Pfoten verbrennen), sich zu den Fressalien werfen, einen Berg auftürmen und dann zurück zu Ihrem Platz eilen.

Sie haben ein Zeitfenster von etwa 15 Sekunden, das Sie punktgenau treffen müssen. Es geht auf, nachdem eine Begrüßungsansprache gehalten wurde, die mit der Eröffnung des Büfetts endet und die ersten Leute sich dem Büfett nähern, aber schließt sich wieder, sobald die Masse sich in Bewegung gesetzt hat und zu den Tellern schlurft.

Behalten Sie Ihre Umgebung genau im Blick. Wenn fünf bis zehn Leute aufgestanden sind, sollten Sie das auch tun. Strahlen Sie dabei aber eine gewisse Langeweile aus, als hätten Sie ja eigentlich gar keinen Hunger und würden jetzt nur zum Büfett gehen, weil Sie den Gastgeber nicht beleidigen wollen. Machen Sie bei den Sitznachbarn einen schlechten Scherz, den Ihnen sowieso keiner glaubt, wie »Na gut, dann wollen wir halt mal was essen«, und schlendern Sie entspannt in Richtung Festtafel.

Ein Anfängerfehler ist es, sich dem Speisenangebot von der falschen Seite zu nähern, wobei einige Dienstleister das Büfett arglistig von zwei Richtungen aus begehbar aufbauen oder darauf verzichten, mit eindeutigen Schildern eine logische Fresskette herzustellen. Denn logisch ist es nicht, bewusst die Leute von unterschiedlichen Seiten antanzen zu lassen. Statt einer besonders langen Schlange gibt es zwei sehr lange Schlangen, die irgendwann kollidieren und in Verwirrung geraten, wodurch die Essensaufnahme noch länger dauert. So herrscht in der Mitte des Büfetts immer heilloses Chaos (und dort stehen natürlich auch die besonders lohnenswerten Gerichte).

Wenn Sie erst mal auf der falschen Seite gelandet sind, ist alles verloren. Selbst die engsten Verwandten haben kein Verständnis dafür, wenn Sie sich weiter vorne einreihen wollen. Dann werden Sie mit Ihrem Teller ganz hinten stehen. Am besten haben Sie schon vor dem Eröffnen des Büfetts die exakte Stelle ausgesucht, an der Sie sich anstellen müssen, damit Sie auf schnellem und direktem Weg genau dorthin gelangen. So gehören Sie zu den Ersten, die ans Futter kommen, aber wirken dabei nicht allzu gierig. Laden Sie sich ruhig eine große Portion auf, und timen Sie das Essen so, dass Sie Nachschlag holen können, wenn der erste Ansturm abgeebbt ist.

Sollte Ihnen aber ein Missgeschick passieren und Sie verpassen den perfekten Zeitpunkt oder stellen sich falsch an, müssen Sie sich entweder damit arrangieren und hoffen, dass bei Ihrem bevorstehenden Schwächeanfall ein Arzt oder Sanitäter unter den Gästen ist.

Oder Sie drängeln sich auf eine derart subtile Weise vor, dass es niemand bemerkt: Verwickeln Sie die Person in der Reihe vor Ihnen in ein ungezwungenes Gespräch voller Lacher und Schulterklopfer. Dabei ist egal, wie gut Sie diese Person kennen. Trippeln Sie um sie herum, bis Sie auf gleicher Höhe sind. Wichtig: Ignorieren Sie die ganze Zeit das Büfett und lassen Sie sich auch nicht anmerken, wie sehr die Gerüche Sie verführen und der Magen Ihnen in den Knien hängt.

Erinnern Sie die Person an lange zurückliegende und total fiktive innerfamiliäre Ereignisse, machen Sie eine Bemerkung übers Wetter oder fluchen Sie über den Verkehr auf der Autobahn – und in einem strategisch günstigen Moment fällt Ihnen auf, dass Sie die Person vor Ihnen in der Schlange auch besonders gut kennen und verwickeln diese ins Gespräch. Bewegen Sie sich, während Sie reden, unauffällig ein Stück weiter vor zur nächsten Person in der Reihe.

Wenn es Ihnen gelingt, nicht mehr als 20 Sekunden bei jedem Gesprächspartner zu verbringen, haben Sie sich innerhalb weniger Minuten bis zum Essen vorgearbeitet. Und selbst wenn jemandem Ihre Taktik auffällt, wird diese Person es kaum wagen, Sie damit zu konfrontieren. Wenn doch, lachen Sie darüber und fordern Sie die anderen auf, ebenfalls darüber zu lachen. Sagen Sie: »Ach ja, ich geh dann gleich zurück«, aber plaudern Sie ungezwungen an der Stelle weiter, an der Sie gerade sind. Sie verlieren höchstens zwanzig weitere Sekunden, bevor Sie das Vorrückspiel fortsetzen können.

Wichtig: Wenn Sie dann am Büfett ankommen, sollten Sie keine Überraschung heucheln, dass Sie schon dort sind, sondern sich ganz selbstverständlich eine gesunde Portion der guten Sachen auf Ihren Teller laden.

Natürlich müssen Sie aufpassen, dass andere Leute nicht die gleiche Taktik bei Ihnen anwenden. Spricht Sie jemand von hinten oder von der Seite an, achten Sie genauestens darauf, ob diese Person versucht, um Sie herumzutrippeln. Stellen Sie sich einfach mit einem nachdrücklichen Ausfallschritt in den Weg. Brechen Sie das Gespräch frühzeitig ab und orientieren Sie sich nach vorne.

Wenn Sie nicht recht vorankommen oder andere penetrant drängeln, müssen Sie diese Leute aus der Schlange vertreiben. Körperliche Gewalt wäre angemessen, könnte aber dazu führen, dass auch Sie der Feier verwiesen werden. Sie müssen also sorgfältig gewählte Worte einsetzen, um die hungrigen Essensneider loszuwerden:

☞ Wenn Sie aufschnappen, welches Auto die Person fährt: »Ach, sind die nicht gerade dabei, so ein Auto abzuschleppen da draußen?«

☞ »Ach, ich glaube, ganz da hinten hat jemand nach dir gerufen. Guck lieber mal nach.«

☞ »Ich hab gehört, die Küche kommt nicht mit Nachschub hinterher. Das Büfett wird in dreißig Minuten wiedereröffnet.«

☞ »KLAR kannst du kurz weg. Ich halte dir den Platz frei.«

Im Hinblick auf das Büfett könnte noch ein Fall eintreten, den Sie unbedingt berücksichtigen sollten. Es gibt auch unfähige Caterer, die möglicherweise nicht alles rechtzeitig angeliefert bekommen oder den Termin kurzerhand komplett verpennen, um dann panisch wenigstens etwas Salat unterm Volk zu verstreuen, während der Aushilfskellner im Hof in aller Eile versucht, unauffällig ein Schwein abzustechen. Kurz und gut, das Essen verschiebt sich ein wenig. Irgendwie müssen Sie die Zeit rumbringen – mit leerem Magen. Die Gesprächsthemen erschöpfen sich. Der Hunger nagt. Die Aggressivität nimmt zu. Und damit auch die Wahrscheinlichkeit, dass »Schlacht am Büfett« nicht nur so dahergesagt ist, sondern die Käsemesser fliegen.

Versuchen Sie in einem solchen Fall nicht, die Situation mit ulkigen Sprüchen oder ablenkenden Spielen aufzulockern, aber steuern Sie dagegen, wenn die anderen Gäste sich in ihre hungrige Wut hineinsteigern. Sprechen Sie einige beruhigende Sätze, klopfen Sie besonders gefährdeten Kandidaten besänftigend auf den Rücken. Vielleicht findet sich in Ihrer Tasche ja irgendwo noch ein Päckchen Studentenfutter. Wenn das Büfett dann tatsächlich eröffnet wird, sollten Sie sich zurückhalten und erst zur Tat schreiten, wenn der erste Ansturm sich gelegt hat.

Stimmung am Siedepunkt –
die Polonaise

Wenn Sie Pech haben, finden Sie sich zu fortgeschrittener Stunde auf einer Feier wieder, bei der irgendjemand der Meinung ist, eine zünftige Polonaise gehöre einfach dazu. Gerade wenn die Feier in die Zeit zwischen Aschermittwoch und 11.11. fällt, ist die Gefahr groß – dann nutzen Karnevalsfanatiker auf Entzug (auch als »Faschingsten« oder »Alaafisten« bekannt) jede sich bietende Möglichkeit, ein Zusammentreffen von drei oder mehr Leuten zu einer karnevalsähnlichen Veranstaltung umzuformen, indem tradierte Rituale ausgerufen werden.

Haben Sie keine Antennen für so etwas oder kippt die Feier in eine Richtung, die Sie nicht vertragen, gilt auch hier der globale Ratschlag: fliehen Sie. Schließen Sie sich notfalls auf der Toilette ein und warten Sie ab, bis diese Flutwelle der guten Laune über Sie hinweggeschwemmt und die Luft wieder rein ist.

Kommt es zur Polonaise, gibt es eins, was Sie *nicht* tun können, wenn Sie im Raum sind: sich weigern. Diejenigen, die die Polonaise angezettelt haben, bestehen darauf, dass ALLE mitmachen. Wenn Sie also die Kabelbinder oder Handschellen zu Hause vergessen haben*, wird man Sie vom Tisch reißen und einreihen, als wäre es Hofgang in einem texanischen Knast im August.

---

* Das wäre ein Anfängerfehler. Gehen Sie nie ohne diese Gegenstände auf eine Familienfeier. Es könnte früher oder später dazu kommen, dass Sie sich an einem Heizungsrohr festketten müssen, um Schunkeln oder Schlimmerem zu entgehen.

Sie werden sich in der Schlange des Chaos wiederfinden und können nichts dagegen tun. Damit die Situation Sie nicht in den Wahnsinn treibt, können Sie mitgrölen. Allerdings nicht das, was die anderen brüllen, denn das Zeug ist so schwachsinnig, dass Ihr Gehirn sich zu abgelaufener Sonnenmilch verflüssigt, wenn Sie es doch tun. Versuchen Sie lieber den Irrsinn zu übertönen, indem Sie Songzeilen grölen wie die folgenden:

☞ »Hier fliegen gleich die Löcher aus der Nase, denn jetzt geht sie los, die Immobilienblase!«

☞ »Es gibt kein Finanzamt auf Hawaii, drum bleib ich hier!«

☞ »Mer losse de Darm im Keller!«

☞ »Heidewitzka, Herr Sanitäter, in Ihrem Irrenhaus schunkeln wir so gern!«

☞ »Do simmer dabei! Viva Koloskopia!«

☞ »Und ich frier, frier, frier wie ein Arsch, bin so wirr, wirr, wirr wie ein Banker und so doof, doof, doof wie ein Affe, bin so doof! Heut ist so ein schlimmer Tag! LALALALARGH!«

Das Unterhaltungsprogramm

Sollten Sie das Glück haben, dass Ihnen faschingsähnliche Zustände erspart bleiben, müssen Sie aber jederzeit damit rechnen, dass nach dem Büfett ein Unterhaltungsprogramm aufgefahren wird. Sie werden um komische Spiele und die Blockflötendarbietung der Großenkel nicht herumkommen, aber Sie können natürlich auch selbst einen Höhepunkt setzen:

☞ Üben Sie vor der Feier ein **Instrument**, das niemand kennt. Zur Not erfinden Sie eines und behaupten, es sei keltischen Ursprungs. So ziemlich jedes längliche Objekt lässt sich als Teil einer Trommel verwenden, und Sie finden sicher im Werkraum noch irgendwelche Verbindungsrohre, die beim Durchpusten schräge Töne von sich geben. Sie müssen das sogenannte Instrument nicht einmal beherrschen, es muss nur laut und nervig sein, sodass alle tiefe Dankbarkeit empfinden, wenn Sie damit aufhören.

☞ Lassen Sie **TV-Ratespiele aus den 70er Jahren** wiederaufleben und imitieren Sie den jeweiligen Moderator. Stilecht sollten auch die schlechten Witze aus dieser Zeit stammen. Holen Sie sich Inspiration von alten Videoclips, die Sie im Netz auftreiben.

☞ Spielen Sie »**Reise nach Jerusalem**« mit allen, die über 80 sind. Binden Sie auch Gehstöcke und Rollatoren direkt in das Spiel mit ein.

☞ Spielen Sie »**Packt mir die Reste vom Büfett ein, ich muss nach Hause**«. Die Regeln sind dem Küchenpersonal schnell erklärt. Wenn sich die Gastgeber einschalten und auf Ihrem Bleiben pochen, schwenken Sie überfallkommandomäßig auf das berühmte »GUCK MAL, DA HINTEN!«-Spiel um und brausen Sie mit dem Futter davon.

Um das Unterhaltungsprogramm zu überstehen, haben Sie glücklicherweise Ihr eigenes mitgebracht. Es befindet sich in Form eines Smartphones in Ihrer Hosentasche. Damit halten Sie Kontakt zu Gleichgesinnten und den Leuten, die es geschafft haben, diese Feier zu vermeiden. Sie sind angebunden ans weite Internet und haben vielleicht sogar ein paar Folgen einer aktuellen TV-Serie draufgeladen.

Doch wie sollen Sie das Smartphone benutzen? Es wäre ein Affront, wenn Sie sich einfach so hinsetzen, das Gerät vor sich aufbauen, eine halbe Stunde auf das kleine Display starren, ja vielleicht sogar noch Kopfhörer rausholen und diese einstöpseln.

Nein, Sie müssen subtiler vorgehen. Eine Möglichkeit ist, das Smartphone nur für kurze Nutzungsintervalle rauszuholen, aber das bringt Ihnen nicht so viel. Laufend müssen Sie das Ding ein- und wieder ausschalten, Ihre Bewegungen wirken fahrig – das fällt früher oder später auf. Allerdings können Sie es auch nicht die ganze Zeit halb unter der Tischkante halten und draufschauen – das sieht für die anderen Leute so aus, als hätten Sie plötzlich intensives Interesse an Ihrem Intimbereich entwickelt.

Sie müssen lernen, das Smartphone mit Ihrer Handinnenfläche verschmelzen zu lassen, sodass Sie die Hand bewegen können und niemandem auffällt, was Sie da in der Hand halten. Wenn Sie lange genug üben, können Sie sich mit dieser Hand sogar nonchalant am Hinterkopf kratzen, ohne dass Sie aus Versehen scrollen.

Außerdem ist wichtig, dass Sie sich regelmäßig bewegen. Wenn Sie immerzu dasitzen und abwesend wirken, ist auch das verdächtig. Wechseln Sie den Platz, die Sitzposition, den Tisch, stellen Sie sich ruhig auch mal in eine Ecke, gehen Sie aufs Klo oder an die frische Luft.

Wenn Sie sich geschickt anstellen, können Sie auf einer durchschnittlichen Familienfeier drei Folgen Ihrer Lieblingsserie schauen oder ein halbes Buch lesen.

Fotobeweise vermeiden oder selbst herstellen

Um welche Feier es sich auch handelt – heutzutage werden ständig massig Fotos geschossen. Von den Mitfeiernden, vom Essen, vom Blumengebinde und der herrlichen Landschaft im Hintergrund. Die Gäste greifen sowieso alle selbst zur Kamera, nicht zuletzt dank der unvermeidlichen Smartphones, aber allzu oft und speziell bei Hochzeiten gibt es einen eigenen Fotografen, der unentwegt die Meute ablichtet. Wenn Sie Pech haben, sprich eine gute Spiegelreflexkamera und nachgewiesenes Talent, dann werden Sie zur Kostenersparnis kurzerhand angeheuert und dürfen einen Großteil der Feier damit verbringen, den Auslöser zu betätigen. Handelt es sich jedoch um eine langweilige Veranstaltung, kann der Fotojob eine willkommene Abwechslung sein.

Wie Sie im besten Licht dastehen

Sie müssen mit traumwandlerischer Sicherheit immerzu wissen, wo sich der Fotograf aufhält. Wenn Sie etwas tun, was nicht im Speicher einer Kamera auftauchen soll (und damit logischerweise früher oder später im Netz), machen Sie sich bewusst, wo der Fotograf gerade ist und stellen Sie sicher, dass auch sonst niemand in Ihrem Umfeld eine Linse auf Sie richtet. Sind Sie halbwegs fotogen, bemühen Sie sich um Haltung, sobald Sie in den Fokus geraten. Lächeln Sie, auch wenn es wehtut.

Wie Sie es vermeiden, fotografiert zu werden

Wenn Sie nicht fotogen sind und zu der Sorte Mensch gehören, die auf Bildern immer wirkt wie ein Waschbär auf Beruhigungsmitteln, vermeiden Sie bestmöglich das Rampenlicht. Dazu gehört strategische Planung und spontanes Abtauchen. Ihre Strategie wird es sein, dem Fotografen aus dem Weg zu gehen. Analysieren Sie seine Route. Er wird versuchen, so viele Gäste wie möglich aufs Bild zu bannen und daher im Laufe der Feier pausenlos unterwegs sein, um unberechenbare Runden zu drehen. Folgen Sie ihm in sicherem Abstand. So kommen Sie idealerweise nie in die Verlegenheit, vor einem Schnappschuss fliehen zu müssen. Geraten Sie in einem unachtsamen Moment aber doch vor die Linse, können Sie sich mit einem vorgetäuschten Niesen abwenden, zufällig direkt hinter sich etwas Spannendes entdecken oder aus dem Fokus hechten, weil Sie gerade jemanden sehen, den Sie unbedingt begrüßen müssen.

Bei spontaner Smartphone-Fotografie ist der Fall natürlich besonders schwer. Immerzu ist irgendein Kameraauge auf Sie gerichtet, das auch noch eine direkte Verbindung ins Internet hat. Wenden Sie sich in die eine Richtung ab, machen Sie vielleicht gerade ein blödes Gesicht für das Smartphone, das auf der anderen Seite lauert. Wenn es Ihnen zu bunt wird, suchen Sie die Gesellschaft von Leuten, die sich in ihrer zweiten Lebenshälfte befinden. Selbst wenn die ein Smartphone haben, ist die Kamera darin so veraltet, dass Sie auf diesen Bildern aussehen, als wären Sie nachts um drei geblitzt worden.

Wie Sie andere Leute fotografieren

Drehen Sie den Spieß um, wenn Sie selbst damit beauftragt werden, alles für die Ewigkeit festzuhalten. Lassen Sie keine Person aus. Führen Sie Buch, wen Sie schon haben und wen nicht. Leute, die in Ihren Augen attraktiv aussehen, dürfen und sollten Sie möglichst oft fotografieren. Vielleicht ergibt sich daraus ja auch eine Gelegenheit, mit ihnen ins Gespräch zu kommen.

Haben Sie ein besonderes Auge auf diejenigen, die sich vor Ihrer Kamera verstecken wollen. Die haben ohne jeden Zweifel was zu verbergen. Sie sollten von allen Seiten abgelichtet werden. Immerzu. Der Gastgeber wird es Ihnen danken (sobald er es geschafft hat, sich durch die Trillionen von Fotos zu wühlen, die Sie ihm hinterlassen).

Gelingen Ihnen ausgesprochen lustige (sprich: peinliche) Schnappschüsse, sollten Sie sie unverzüglich in die üblichen sozialen Netzwerke hochladen.

Die Bedienung – kundennahe Logistik

Wenn Sie sicherstellen wollen, dass Sie auf einer Familienfeier in der Ecke verharren können, die Sie sich ausgesucht haben, ohne auf dem Trockenen zu sitzen oder Hunger leiden zu müssen, dann sollten Sie darüber Bescheid wissen, wie es um Ihre Versorger bestellt ist. Wenn Sie sich nicht selbst jedes Mal mühevoll auf den Weg machen wollen, sind Sie von den meist weiß gekleideten Leuten abhängig. Sollten Sie zu viel Geld haben, wissen Sie, wie schwer es ist, gutes Personal zu finden. Und wenn Sie nicht genug Geld haben, ist eine Familienfeier wahrscheinlich der einzige Lebensumstand, in dem Sie bedient werden, statt selbst wie ein Trüffelschwein nach Futter zu suchen. Genießen Sie es also. Aber achten Sie unbedingt darauf, wer Ihre Nachschubwege sichert:

- **Der Blinde.** Er ist ein Meister darin, die Gäste zu ignorieren. Immerzu schnellen Schrittes eilt er zwischen den Feierwütigen herum, den Blick auf die hinterste Wand geheftet, als verberge sich dort der Sinn des Lebens, den er nicht finden kann, wenn er abgelenkt wird. Um seiner habhaft zu werden, müssen Sie ihn packen, zu sich runterzerren und ihm eine Bestellung ins Gesicht brüllen, bevor er sich wehren kann.

- **Die Gelangweilte.** Sie scheint im hintersten Eck des Raumes festgefroren zu sein. Die Hände hat sie hinter dem Rücken verschränkt, ihr Blick schweift durch den Raum, aber bleibt an nichts hängen, vor allem nicht an hochgehenden Händen. Wenn auf einem Tisch leere Gläser oder Flaschen stehen, aber dort niemand sitzt, geht sie hin und räumt ab, wobei sie geschickt alle eventuell Bedürftigen umkurvt. Ignorieren Sie diese Bedienung, so wie sie es mit Ihnen tut. Ihre Aufmerksamkeit bekommen Sie nicht. Freunden Sie sich lieber mit zuverlässigeren Bedienungen an oder schleichen Sie sich heimlich in die Küche.

- **Der Wegreißer.** Er übertreibt es pausenlos. Kaum haben Sie an Bier oder Wein genippt, beugt er sich über Sie und prüft genau nach, ob Sie schon ausgetrunken haben. Ist ein Gefäß weniger als zur Hälfte gefüllt, wird es abgeräumt, wenn Sie sich nicht demonstrativ daran festklammern. Schauen Sie ihn dabei aber nicht zu grimmig an, sonst kommt er nicht wieder. Auch ein Wegwedeln aus dem Handgelenk ist nicht zu empfehlen, das macht einen hochnäsigen Eindruck. Lächeln Sie und weisen Sie darauf hin, dass Sie noch genug haben.

- **Die Ranzige.** Sie interessiert sich nicht für Sie oder Ihre Bestellung. Es werden vor Ihnen Getränke auf den Tisch geknallt, ob Sie wollen oder nicht. Wagen Sie es nicht, sie mit Wünschen zu behelligen. Trinken Sie einfach, was Ihnen vorgesetzt wird. Vermeiden Sie dabei Blickkontakt, sie könnte sich provoziert fühlen.

- **Die oder der Jackpot**. Eine Bedienung, die Ihre Gedanken lesen kann. Das, worauf Sie gerade Lust haben, landet in dem Moment in Ihrer Griffweite, wenn Sie es benötigen. Sie haben das Nirwana gefunden, soweit es auf einer Familienfeier überhaupt möglich ist. Achten Sie darauf, dass diese Bedienung nicht plötzlich in andere Teile des Raums abschweift, indem Sie schnell genug trinken und unverzüglich wieder bedient werden müssen.

Musik – der Stimmungskiller

Manche Leute behaupten, Kühe würden mehr Milch geben, wenn Mozart im Stall läuft. Vermutlich sind das die gleichen Typen, die überzeugt sind, dass die Nazis eine geheime Basis in der Antarktis gebaut haben. Bei einer Familienfeier hat die Musik natürlich auch direkten Einfluss auf die Stimmung – zumindest auf diejenige, die die Gastgeber anstreben. Dabei gibt es viele Missverständnisse, und die tatsächliche Wirkung einer Art von Musik wird oft falsch eingeschätzt:

Musik	Erwartete Atmosphäre	Tatsächliche Atmosphäre
Klassik	Feierlichkeit, Würde	Schnarchen
Pop	Gute Laune, Beschwingtheit, Lockerheit	Gähnen
Rock	Party, Abfahrt, Action	80% der Leute fliehen
Jazz	Cocktails, Stil, Distinguiertheit	Als quälte jemand Katzen
Keine	Angeregte Gespräche, die nicht von Gedudel gestört werden	Stille

Schaffen Sie es, die Kontrolle über die Musik an sich zu reißen, indem Sie die CDs vertauschen, den DJ bestechen oder bestimmte unerträgliche Musikarten wie die üblichen Partyhits für Leute mit großen Heckspoilern oder melancholisches Streicheln von Klaviertasten aus Elfenbein vom angeschlossenen Notebook löschen, können Sie die tatsächliche Atmosphäre so lenken, wie es Ihnen gefällt.

Der ultimative Beziehungstest

Dass eine Familienfeier eine psychologische Herausforderung ist, wissen Sie. Aber es gibt einen Umstand, der alles noch viel härter macht: wenn man zum ersten Mal auf einer Familienfeier der neuen Freundin oder des neuen Freundes ist. Die eigene Bande kann man einschätzen, hat Erfahrungswerte, auf die man zurückgreifen kann, doch eine Familienfeier von Leuten, die man zum ersten Mal im Leben sieht, ist ein Stahlbad, gegen das die Schlacht um Helms Klamm wie die Wahl zum Schriftführer des Apfelbaumzuchtvereins wirkt.

Sind Sie frisch verliebt, werden Sie früher oder später beide Seiten der Medaille kennenlernen:

Sie bringen Ihre neue Partnerin/Ihren neuen Partner zu einer Feier Ihrer Familie mit

Dann müssen Vorbereitungen an zwei Fronten getroffen werden.

Zunächst besorgen Sie sich vom Geburtstagskind, dem Hochzeitspaar oder wer auch immer feiert, die Liste der Gäste, inklusive Mail- oder Postadresse. Versehen Sie folgendes Rundschreiben mit Ihrem Absender, füllen Sie die Leerstellen aus und streichen Sie Nichtzutreffendes:

Sehr geehrte Teilnehmer der Feier am
_____,
auch ich werde zu den Gästen gehören, und ich komme nicht alleine, sondern in Begleitung von
_____. Sie/Er hat unsere Familie bisher noch nicht erlebt, und niemand von euch kennt sie/ihn. Daher bitte ich euch nachdrücklich, ihr/ihm mit angemessenem Respekt zu begegnen – also am besten gar nicht.

Für diese spezielle Feier gelten die von mir ange-kreuzten Punkte:

❑ Weil die Beziehung noch sehr frisch ist, dürfen keine konkreten Kommentare über eventuelle Hochzeitsglocken oder Nachwuchs gemacht werden. Auch zweideutige Äußerungen in diese Richtung sind nicht gestattet.

❑ Meine Freundin/mein Freund legt großen Wert darauf, einen guten Eindruck zu hinterlassen. Sie/er darf nicht vor anderen bloßgestellt werden. Was sie/er trägt, hat für angemessen und geschmackvoll befunden zu werden.

❑ Meine Freundin/mein Freund legt keinen großen Wert darauf, einen guten Eindruck zu hinterlassen. Ihr dürft sie/ihn gern mit blöden Fragen nerven. Sie/er wird genauso blöde Antworten bieten.

❑ Wie lange wir schon zusammen sind, geht euch einen feuchten Kehricht an.

☐ Wann wir zusammenziehen – auch.

☐ Wie wir uns kennengelernt haben, wird sie/er euch gern erzählen.

☐ Haltet sie/ihn von meiner Mutter fern.

☐ Haltet sie/ihn von meinem Vater fern.

☐ Haltet sie/ihn von allen Großeltern fern.

☐ Sie/er verträgt keinen Alkohol.

Feld für besondere Vorkommnisse früherer Feiern, die diesmal auf keinen Fall wiederholt werden dürfen: _____

Wer sich nicht an diese Regeln hält, wird nicht auf die etwaige Hochzeit eingeladen.

Während der Feier selbst sollten Sie natürlich Ihre neue Freundin/Ihren neuen Freund genau im Auge behalten. Nicht jedoch, um sie oder ihn von allem fernzuhalten. Wenn Sie das tun, wirken Sie wie jemand, der paranoide Angst davor hat, dass die neue Partnerin/der neue Partner abgeschreckt wird, oder der generell einem Kontrollzwang unterliegt. Nein, mit Ihrem Rundschreiben haben Sie ja bereits klargestellt, welche Dinge auf keinen Fall geschehen sollen. Lassen Sie nun dem Ganzen seinen Lauf, aber schauen Sie genau hin. Vielleicht ist ja jemand im Familienkreis, der pikante Details aus einer vorherigen Beziehung verraten könnte, und diese Person sollten Sie natürlich auf Distanz halten. Oder wenn der Alkoholausschank überhandnimmt und die zugesicherten Regeln nicht eingehalten werden.

Besonders kitzlig ist die Situation dann, wenn eine frühere Partnerin/ein früherer Partner zu den Gästen gehört. Der größte Fehler, den Sie machen könnten, wäre, Ihrem neuen Lebensabschnittsgefährten diese Info zu verheimlichen. Denn SELBSTVERSTÄNDLICH werden alle Gäste zwischen diesen beiden Personen Vergleiche anstellen und gern ausführlich und lautstark beurteilen wollen, ob Sie sich verbessert oder verschlechtert haben. Es fehlt nicht viel und es wird ein Maßband rausgeholt, um einen Größenvergleich anzustellen. Ein unrühmlicher Höhepunkt könnte auch werden, dass bei einem der lustigen Partyspiele der Vergleich live auf der Bühne geschieht.

Wie Sie mit solchen Situationen umgehen, sollten Sie vom Geisteszustand, der psychischen Belastbarkeit und der Trinkfestigkeit Ihrer neuen Partnerin/Ihres neuen Partners abhängig machen. Handelt es sich um eine labile Persönlichkeit, deren Sozialverhalten eher einem Eichhörnchen gleicht, sollten Sie einen unsichtbaren Schutzschirm um sie oder ihn bilden. Wenn sie oder er allerdings kampflustig wie Putin nach dem Wurstfrühstück ist, können Sie den Dingen ruhig ihren Lauf lassen – und sich vielleicht sogar ein bisschen amüsieren.

Aber egal, was an diesem Tag passiert: Wenn Ihre neue Partnerin/Ihr neuer Partner danach nicht von der ganzen Bagage abgeschreckt ist, haben Sie eine solide Basis für eine gemeinsame Zukunft.

Wenn nicht, wird Ihre Familie Ihnen das in den kommenden Tagen gern in allen Details verdeutlichen.

Sie sind zum ersten Mal zu Gast auf einer Feier Ihrer neuen Partnerin/Ihres neuen Partners

Nun können Sie davon ausgehen, dass Ihre neue Partnerin/Ihr neuer Partner genau die Anstrengungen unternimmt, zu denen Ihnen oben geraten wurde. Sie werden schnell feststellen, dass mit allen Mitteln versucht wird zu unterbinden, dass Sie mit bestimmten Leuten in Kontakt kommen, ja vielleicht sind die anderen Gäste sogar eingeschüchtert worden, damit sie nicht mit Ihnen sprechen.

Offensichtlich versucht diese Person, etwas zu verbergen.

Sie sollten also diese Chance des ausgelassenen Beisammenseins nutzen, um herauszufinden, was und wer vor Ihnen verheimlicht werden soll.

Fragen Sie die ganze Verwandtschaft nach der neuen Partnerin/dem neuen Partner aus. Steuern Sie dabei gezielt die älteren Herrschaften aus dem näheren familiären Umfeld an. Helfen Sie notfalls mit Eierlikör nach, um sämtliche schmutzigen Geheimnisse der jüngeren Vergangenheit ans Licht zu zerren.

Natürlich wird Ihre neue Partnerin/Ihr neuer Partner versuchen, Sie von Situationen, in denen Sie tatsächlich etwas erfahren könnten, fernzuhalten. Aber mit viel Geschick und guten Ausreden können Sie dranbleiben. Setzen Sie einfach Tanten und Onkel auf Ihre Partnerin/Ihren Partner an, die UNBEDINGT noch mit ihr/ihm reden wollen – und nutzen Sie schnell den Freiraum für investigative Fragen.

Gerade diese erste Feierlichkeit ist eine einmalige Chance. Wenn Sie zum zweiten Mal dabei sind, haben Sie keinen Novitätenbonus mehr. Ab dem dritten Mal gehören Sie zum Inventar und müssen damit rechnen, dass hinter Ihrem Rücken gemutmaßt wird, wie lange die Beziehung noch dauert. Wenn Sie es geschickt anstellen, nehmen Sie von dieser ersten Feier mit der bislang fremden Familie die Gewissheit mit, dass nicht nur die Partnerin/der Partner zu Ihnen passt, sondern auch der ganze Anhang.

Oder Ihnen wird klar, dass Sie DRINGEND ein Gespräch führen müssen, in dem die Worte »Das geht mir alles etwas zu schnell« vorkommen.

Kindlicher Spaß

Ob eine Feier für die Erwachsenen erträglich ist oder nicht, ist den anwesenden Kindern völlig egal. Die freuen sich immer, wenn es Berge von Essen gibt und die Erwachsenen keine hundertprozentige Kontrolle über die Colazufuhr haben. Wenn Sie mit Ihren eigenen Kindern zu einer Familienfeier eingeladen sind, werden Sie sich also keine großen Sorgen machen müssen. Die Kleinen schaffen es schon von ganz alleine, den alten Herrschaften aus dem Weg zu gehen, die ihnen erklären wollen, wie groß sie geworden sind.

Vielmehr sollten Sie die Kinder für Ihre Agenda nutzen, falls Sie sich aus einem nervigen Gespräch oder einem ungelenken Tanz rausziehen und unauffällig verschwinden müssen.

Fangen Sie das Rudel Kinder ein. Sprechen Sie ein geheimes Zeichen ab. Wenn Sie es geben, sollen die Kinder ein Ablenkungsmanöver starten – Geschrei, Geschubse, zersplitternde Gläser –, dann können Sie abhauen. Klauen

Sie nötigenfalls Süßigkeiten aus der Küche und bestechen Sie damit die Kinder. Außerdem können die Kleinen Ihnen helfen, die besten Fluchtwege und Verstecke im Gebäude zu finden. Und zu guter Letzt, sollte Ihnen gar nichts anderes mehr einfallen, kann man eine Horde Kinder prima auf einen anderen unliebsamen Feiergast loslassen wie ein Rudel Hyänen, das versehentlich eine Woche in einem Keller in Kassel eingesperrt war. Behaupten Sie einfach, diese Person hätte ein tolles Geschenk für alle 58 Kinder – schon werden sie sich wie die biblische Heuschreckenplage auf diese Person werfen und lautstark ihre Süßigkeiten einfordern.

Alter!

Besonders auf Geburtstagen und ganz besonders zu runden Anlässen ist es nicht gern gesehen, wenn Sie das jeweilige Alter der Jubilantin/des Jubilanten in den Vordergrund rücken. Niemand ist wirklich begeistert, eine neue Dekade zu beginnen, und alle versuchen, ihre tiefe Verzweiflung zu übertünchen. Also flüchten auch Sie sich in Platituden über das Leben, das Alter, die Zeit. Und selbst bei ungeliebten Verwandten wäre es nicht ratsam, etwa durch das Geschenk das Alter herauszuposaunen, obwohl natürlich alle Gäste es kennen.

Aber durch die Hintertür können Sie das trotzdem tun, wenn Ihnen danach ist. Sie dürfen es nur nicht zu offensichtlich machen. Folgende Ratschläge funktionieren immer, egal ob die betreffende Person 30 oder 90 wird:

☞ Fragen Sie, bei welcher Kompanie sie/er damals im Krieg war.

☞ Erkundigen Sie sich, ob die Krankenkasse sich beschwert hat, weil ihre/seine Zipperlein immer schlimmer werden.

☞ Schenken Sie ihr/ihm ein Seniorenhandy mit besonders großen Tasten. Nehmen Sie sich die Zeit, direkt vor Ort die grundlegenden Funktionen ausführlich zu erklären und kleine Merkzettel zu schreiben.

☞ Reden Sie wiederholt von der DDR, und wenn sie/er Sie nicht sofort korrigiert, stellen Sie infrage, ob sie/er sich daran erinnern kann, dass die Wende schon 25 Jahre zurückliegt.

☞ Schenken Sie ein Pillendöschen mit Leopardenfellbezug. Verpacken Sie es in transparente Folie und sagen Sie bei der Übergabe: »Damit du nicht wieder bei den Beruhigungstabletten durcheinanderkommst.«

☞ Schenken Sie lustige T-Shirts mit Aufschriften wie »Ich bin 40 – bitte helfen Sie mir über die Straße«. Besonders großes Hallo löst ein solches Shirt auf einem 30. Geburtstag aus.

Undercover
in der Wohnung des Gastgebers

Wenn eine Feier nicht in der nächstbesten Gaststätte oder Lagerhalle, sondern in den Räumlichkeiten eines Familienmitglieds stattfindet, das Sie bislang nicht sonderlich gut kennen, ist das natürlich eine tolle Chance, rumzuschnüffeln. Besonders praktisch ist es, wenn es sich um eine Housewarming-Party handelt, wobei Sie dann berücksichtigen müssen, dass alles noch wie im Katalog des örtlichen Möbelbunkers eingerichtet ist und realistische Rückschlüsse auf die betreffende Person aus diesem Grund noch nicht wirklich gezogen werden können. Die Wohnung ist noch nicht eingelebt, sondern kommt im Gegenteil daher, wie die Person sich das Idealbild der eigenen vier Wände vorstellt. Was natürlich auch viel über den jeweiligen Charakter aussagt.

Natürlich möchten Sie nicht gleich die Unterwäsche des Gastgebers durchwühlen und dabei erwischt werden. Müssen Sie auch gar nicht – Sie können Ihr Psychogramm auch anhand von Kleinigkeiten aufstellen, indem Sie im Laufe des Abends unauffällig die folgende Checkliste ausfüllen. Kreuzen Sie die zutreffenden Punkte an, tragen Sie rechts in der Spalte die jeweiligen Punkte ein, addieren Sie alles am Schluss und schon wissen Sie, wie Sie in Zukunft mit dieser Person umgehen müssen.

GASTGEBER-CHECKLISTE

ART DER MÖBEL

- ❑ Designer-Möbel – 50 Punkte
- ❑ Stinknormale Möbel – 1 Punkt
- ❑ Keine Möbel – 100 Punkte

FARBE DER WÄNDE

- ❑ Weiß – 1 Punkt
- ❑ Gelb – 12 Punkte
- ❑ Rot – 80 Punkte
- ❑ Grün – 25 Punkte
- ❑ Eine Farbe, die nur mit einem französischen Begriff bezeichnet werden kann, den keine Sau kennt – 12 Punkte
- ❑ Keine Wände – 100 Punkte

PUBLIKUM BEI DER FEIER

- ❑ Lauter komisch aussehende Fremde – 70 Punkte
- ❑ Lauter nett aussehende Fremde – 0 Punkte
- ❑ Lauter komisch aussehende Verwandte – 10 Punkte
- ❑ Kein Publikum außer Ihnen – 100 Punkte

BLICK INS BÜCHERREGAL

- ❑ Bildbände mit peruanischen Bergbauern – 10 Punkte
- ❑ Bildbände wie »Die schönsten Panzerwracks an der Ostfront« – 50 Punkte
- ❑ Teure Folianten aus dem 17. Jahrhundert (teilsigniert) – 30 Punkte

- »Bin ich blöd und fahr in Urlaub?« – o Punkte
- Keine Bücher – 100 Punkte

BLICK INS CD-REGAL

- Kuschelrock – 50 Punkte
- Heavy Metal – o Punkte
- »Die schönsten deutschen Schlager« – 100 Punkte
- Marschmusik – 101 Punkte
- Keine Musik – 50 Punkte

BLICK INS REGAL MIT DEN FILMEN:

- Schnulzen – 30 Punkte
- Noch mehr Schnulzen – 60 Punkte
- Tierdokumentationen – 100 Punkte
- Zombiefilme – 1 Punkt
- »Die schönsten Panzerwracks an der Ostfront – Der Film zum Buch« – 75 Punkte
- VHS-Kassetten (egal welche) – 10 Punkte

BLICK IN DIE UNTERWÄSCHE-SCHUBLADE

- Wenn Ihnen das gelingt, spricht das gegen die Sicherheitsmaßnahmen des Gastgebers, also: 75 Punkte

BEFRAGEN SIE DIE NACHBARN,
WAS SIE FÜR EINEN EINDRUCK VOM GASTGEBER HABEN:

- »Oh, die/der sind/ist ganz ruhig. Man hört nie was. Und sie/er grüßen/grüßt immer höflich.« – 500 Punkte
- »Früher hätte man so was gar nicht hierher gelassen.« – 100 Punkte
- »Wer?« – o Punkte

SONDERFÄLLE:

- ❑ Die Wohnung liegt in einem Keller – 100 Punkte
- ❑ Es gibt eine verschlossene Tür, unter der ein modriger Geruch hervordringt – 250 Punkte
- ❑ Es gibt eine Schrumpfkopf-Sammlung – 350 Punkte

AUSWERTUNG:

BEI EINEM SINGLE-DOMIZIL:

- **Bis zu 100 Punkte:** Diese Person ist harmlos. Sie ist tatsächlich so unscheinbar, wie die Wohnung es vermuten lässt. Vermutlich empfängt sie nicht oft Gäste und ist froh, wenn Sie wieder verschwunden sind. Sie sollten also nur so lange bleiben, wie es für beide Seiten die Höflichkeit gebietet. Es hat schließlich Gründe, dass diese Person allein lebt.

- **101 bis 500 Punkte:** Sie haben es hier mit einem selbstbewussten Single zu tun – und vermutlich einer völlig durchschnittlichen Persönlichkeit ohne exzessiven Lebenswandel. Diese Person trägt das Herz auf der Zunge. Sie können lange suchen – irgendwelche Seltsamkeiten werden Sie in dieser Wohnung kaum finden. Genießen Sie die Zeit, die Sie in dieser Gesellschaft verbringen. Wahrscheinlich gibt es bei der Feier auch viele andere Singles.

- **501 bis 1.000 Punkte:** Diese Person legt Wert auf ihre Wohnung und besteht darauf, dass Sie diese zu schätzen wissen. Preisen Sie die Wertigkeit und Aufstellung der Möbel, streichen Sie mit Kennermiene über das teure Holz. Machen Sie deutlich, dass Sie ebenfalls der Meinung sind, dass ein Verzicht auf Familie oder sonstiges Leben durchaus durch eine exzellente Wohnsituation ausgeglichen werden kann. Kritisieren Sie absolut nichts an der Wohnung oder der Persönlichkeit des Gastgebers, dann dürfen Sie vielleicht schon vor Mitternacht gehen.

- **Über 1.000 Punkte:** Diese Person ist eindeutig ein Massenmörder. Trinken Sie aus, täuschen Sie einen Anruf auf Ihrem Smartphone vor und rufen Sie erschrocken aus: »Der Klempner hat angerufen! Wir haben Wasserrohrbrüche!« UND FLIEHEN SIE!

BEI EINEM PAAR:

- **Bis zu 100 Punkte:** Dieses Paar bereut es zutiefst, überhaupt Gäste in die Wohnung gelassen zu haben. Es ist immerzu bemüht, dass sich alle wohlfühlen, was dazu führt, dass niemand sich wirklich wohlfühlt. Gehen Sie tolerant mit den beiden um. Die Ehe wird bald zerbrechen (wenn es sich um eine wilde Ehe handelt, ist das Gegenteil der Fall – dann wird bald geheiratet).

- **101 bis 500 Punkte:** Von diesen Gastgebern sehen Sie den ganzen Abend fast nichts. Das geht so weit, dass die Gäste sich irgendwann fragen, ob sie eigentlich in der richtigen Wohnung gelandet sind. Auch ein

Durchkämmen der gesamten Bude bringt keine Lösung. Essen und trinken Sie alles leer, bevor sich das Mysterium aufklären lässt, und gehen Sie.

- **501 bis 1.000 Punkte:** Vorsicht! Dieses Paar ist routiniert darin, die formvollendete Ehe vorzuspielen. Alles in der Wohnung ist perfekt. Das Paar behauptet, keine Kinder zu haben, aber Sie sollten sich nicht wundern, wenn Sie auf eine verschlossene Tür stoßen, hinter der gedämpft ein Trickfilm zu hören ist und gelegentlich das Klackern von Handschellen. Spielen Sie ruhig mit und lobpreisen Sie die Gastfreundschaft, die man sonst nur aus Werbespots für Rotweinfleckenentferner kennt.

- **Über 1.000 Punkte:** Diese Feier findet statt, während die Scheidung auf den Weg gebracht wird – es handelt sich bei diesem Zusammentreffen also um eine lästige Pflichterfüllung, vielleicht ist die Scheidung sogar der eigentliche Anlass. Das Gastgeberpaar motzt sich den ganzen Abend an und muss von den Gästen davon abgehalten werden, sich gegenseitig mit den Salatschaufeln zu verprügeln. Von diesem Abend nehmen Sie äußerst interessante Fotos für Ihre sozialen Netzwerke mit.

Gesprächsthemen

Es ist passiert. Sie stecken fest. Von diesem Platz kommen Sie an diesem Abend nicht mehr so schnell weg, weil die Fluchtwege versperrt, alle anderen Plätze besetzt sind oder eine strenge Sitzordnung herrscht. Sie können sich Ihre Gesellschaft nicht mehr aussuchen, und die Themen des Abends hängen nun davon ab, wie gut oder weniger gut Sie die Personen in Ihrer unmittelbaren Nähe kennen – und wie viel Sie von sich preisgeben möchten.

Sie sind bei Leuten gelandet, die Sie kennen, aber die nun auf den neuesten Stand gebracht werden wollen, wie Ihr Leben inzwischen so aussieht, doch auf diesen Monolog haben Sie keine Lust

Sagen Sie einfach: »Ich hab euch doch letztes Mal schon ausführlich von mir erzählt. Seitdem hat sich eigentlich nix verändert.« Nun waren Sie wahrscheinlich beim letzten Treffen genauso wenig redselig, aber Ihre Gesprächspartner können sich daran nicht so recht erinnern, möchten das aber nicht zugeben, also nicken sie einfach und sagen: »Aha«. Grätschen Sie sofort rein und fragen Sie: »Und bei euch so?« Wenn sich daraufhin Ihr Gegenüber mit der gleichen Ausrede rauslavieren möchte, sagen Sie schnell: »Aber du hast sicher ein neues Auto!« Es folgt mit 87-prozentiger Wahrscheinlichkeit ein längerer Vortrag über Hubraum, beheizbare Scheibenwischer und Steuervergünstigungstricks. Werfen Sie hier und da ein, wie schlimm der Stau heutzutage doch ist, weswegen Sie ja auch schon bald wieder abreisen müssen.

Sie sind bei Leuten gelandet, die Sie zum ersten Mal im Leben sehen und mit denen Sie sich angeregt unterhalten wollen

Wenn Sie ein spannendes Leben führen, fällt es Ihnen natürlich leicht, die Umgebung mit launigen Storys für sich einzunehmen. Aber vielleicht haben Sie einen ganz alltäglichen Job, keine Extremsport-Hobbys und auch Ihre Kinder benehmen sich. Wenn Sie von Beruf und Nachwuchs erzählen, schlafen alle um Sie herum erfahrungsgemäß ein. Also müssen Sie schon etwas mehr bieten, um das Interesse Ihres Umfelds zu wecken:

☞ Wenn die Feier zur Abwechslung besonders gut läuft, können Sie behaupten, sie organisiert zu haben.

☞ Geben Sie sich als Restaurantkritiker aus und analysieren Sie das Büfett in allen Facetten.

☞ Behaupten Sie, dass Sie auf einer Fregatte leben und nur auf der Durchreise sind. Morgen geht's weiter nach Kapstadt.

☞ Erzählen Sie, dass Sie Kampftaubengeschwader züchten.

☞ Geben Sie sich als Unternehmerin/Unternehmer aus, die/der »ins nächste große Ding nach dem Internet investiert, aber das ist natürlich top secret«.

☞ Sagen Sie in vertraulichem Tonfall, dass Sie gar nicht zu dieser Familie gehören und sich eingeschlichen haben, um heimlich zu essen und zu trinken. Bitten Sie Ihr Gegenüber um Geheimhaltung der Sache.

Sie sind bei Leuten gelandet, die Sie zum ersten Mal im Leben sehen und mit denen Sie nicht viel reden wollen

☞ Erfinden Sie eine abwechslungsreiche Krankengeschichte. Gut kommt es, wenn Sie regelmäßig darauf hinweisen, dass die Medikamente super anschlagen und erstaunlicherweise mit Alkohol gar keine Wechselwirkungen haben, HAHAHAHAHAHA! Denken Sie sich nötigenfalls besonders abschreckende Krankheiten aus, unter denen Sie leiden: Entzündungen von weit abgelegenen Körperteilen, Wucherungen mit bläulicher Färbung, Sympathien für den FC Bayern München.

☞ Wenn Sie zu den geduldigeren Exemplaren Ihrer Spezies gehören, lassen Sie die Leute reden und merken Sie nur gelegentlich an: »Aha!«, »Ja?«, »Ach was!«, »Und dann?«. Sie werden sehen, die Zeit vergeht wie im Flug. Sie können während des Gesprächs sicher interessante Dinge auf Ihrem Smartphone tun (ein paar Aktien verkaufen, sich in einem Forum herumtreiben, einen Scherzanruf bei der Hotline eines Waschmittelherstellers starten).

☞ Lassen Sie gar nicht erst zu, dass die Menschen um Sie herum zu Gesprächspartnern werden. Wenn sie etwas zu Ihnen sagen, schauen Sie sich paranoid um. Erst bei der dritten Rückfrage, was denn mit Ihnen ist, blicken Sie nacheinander allen panisch in die Augen und sagen Sie: »Die Sterne reden wieder! Sie tragen ihr Licht zu uns. Es ist grün!« Für den Rest des Abends sollten Sie Ihre Ruhe haben.

Sie sind bei Leuten gelandet, die sich zwar genauso wenig für Sie interessieren wie Sie sich für sie, aber an der Sitzordnung lässt sich nicht schrauben, und niemand hat Lust, so zu tun, als würde man sich kennen, hätte irgendwelche Gemeinsamkeiten oder Gene, an denen man sich hochziehen kann

Prost.

Wenn Sie die Verwandtschaft nicht erkennen ...

Das wird Ihnen wahrscheinlich sogar öfter auf Familienfeiern passieren: Sie landen bei Leuten, die Sie verdammt gut kennen und mit Ihnen reden, als hätten Sie sich gestern Abend zuletzt gesehen. Und Sie haben nicht die geringste Ahnung, mit wem Sie da überhaupt um eine Konversation ringen. Langsam beschleicht Sie das Gefühl, dass Sie vielleicht – nein, sogar wahrscheinlich – mit der Person verwandt sind. Damit Ihr Gesprächspartner nicht bemerkt, dass Sie ihn überhaupt nicht einordnen können, müssen Sie strategisch vorgehen:

☞ Jede von ihm erzählte Anekdote untermalen Sie mit einem Nicken. Natürlich können Sie sich erinnern, wie und was und wann sich das alles zugetragen hat. Lassen Sie daran nicht den geringsten Zweifel.

☞ Lassen Sie das Gespräch nicht zu lange dauern, sonst fällt Ihre Ahnungslosigkeit vielleicht doch auf. Gehen Sie lieber vom Tisch ein wenig weg und spekulieren Sie darauf, dass jemand fragt, wo Sie sitzen. Deuten Sie dorthin, und vielleicht sagt Ihr Gegenüber dann ja: »Ach, bei der/dem ...« – Endlich kennen Sie den Namen.

☞ Belauschen Sie die Gespräche, die die Person mit anderen Leuten führt. Vielleicht können Sie aus diesen Fetzen extrapolieren, in welcher Beziehung Sie zu der Person stehen.

☞ Gestehen Sie auch anderen Leuten Ihre Unkenntnis nicht ein. Wenn Sie gefragt werden, mit wem Sie noch mal dahinten geredet haben, entdecken Sie in genau diesem Moment jemanden, den Sie unverzüglich begrüßen müssen.

In Ihrer Familie gibt es diese Leute, die stets einen genauen Überblick über die gesamte Verwandtschaft haben. Immer sind sie auf dem Laufenden, wer gerade mit wem liiert ist, wissen Wohnort und Beruf und natürlich den letzten Tratsch. Auch die kompliziertesten Stammbaumverästelungen über drei Kontinente hinweg können sie im Schlaf aufsagen. Und sie haben kein Verständnis für Leute, die sich diesem Wissen verweigern.

Versuchen Sie, Ihrem Gedächtnis auf die Sprünge zu helfen und wie Sherlock vorzugehen. Wenn Sie alle unmöglichen Verwandtschaftsverhältnisse ausschließen, dann muss dasjenige, das noch übrig bleibt, die Wahrheit sein, so unwahrscheinlich sie auch wirken mag.

Wie alt ist die Person? Wenn sie etwa eine Generation älter ist als Sie, handelt es sich wahrscheinlich um eine Großtante oder einen Großonkel. Und wenn sie ungefähr in Ihrem Alter ist, wahrscheinlich um deren Nachkommen. Gibt es kleine Ticks, die diese Person immer wieder vorzeigt? Erinnern Sie sich an frühere Feiern* – da sind Sie ihr wahrscheinlich zuletzt über den Weg gelaufen. Mit welchen anderen Gästen scheint die Person ihrerseits direkt verwandt zu sein? Besonders schwierig wird das Puzzle natürlich, wenn es sich um Freunde der Familie handelt, die Ihnen keine Anhaltspunkte geben.

Wenn es schlecht läuft, hören Sie irgendwann den Satz: »Du weißt doch überhaupt nicht, wer ich bin, oder?« Tja, dann haben Sie die Wahl: Entweder Sie brechen weinend zusammen, gestehen Ihr Versäumnis ein und erflehen die Verzeihung der Person – oder Sie gehen auf Konfrontationskurs. Fragen Sie frech zurück: »Weißt *du* denn überhaupt, mit wem *du* redest?« Das ist wahrscheinlich der Fall, aber dann rufen Sie gleich weiter: »Ha! Aber kennst du mich WIRKLICH? Du weißt vielleicht, wie ich hier genetisch mit wem verwurschtelt bin, und sicher pflegst du alle

---

* Auch wenn es schwerfällt. Und wehtut.

Vorurteile über mich, die sich im Laufe der Zeit so schön herausgebildet haben, doch kennst du mein Wesen? Mein Innerstes? Weißt du, was mich bewegt? Was ich liebe? Was ich hasse? Wofür ich brenne?«

Die Reaktion auf diesen Monolog wird bestenfalls ein »Äh« sein, woraufhin Sie demonstrativ die Nase rümpfen und sich einen anderen Platz suchen. Am besten bei einer Person, die Sie mit hundertprozentiger Sicherheit kennen, z. B. die eigene Frau/den eigenen Mann.

In einigen Fällen wird es auch vorkommen, dass andere Leute genau die gleiche Taktik mit Ihnen fahren. Sie plaudern ungezwungen mit Ihnen, reden von früheren Feiern und was dort alles geschehen ist – und irgendwann erhärtet sich in Ihnen der Verdacht, dass Ihre Gesprächspartnerin oder Ihr Gesprächspartner nicht im Geringsten weiß, mit wem sie oder er es zu tun hat. Seien Sie gnädig. Das könnte Ihnen schließlich ganz genauso passieren, ja wahrscheinlich ist das sogar noch am gleichen Tag der Fall. Idealerweise wissen Sie selbst auch gar nicht, mit wem Sie da gepflegte Konversation betreiben, also machen Sie sich eine schöne Zeit, schwelgen Sie in imaginären Anekdoten und gehen Sie irgendwann gut gelaunt auseinander.

Ein angetrunkener Gast ist verschwunden!

So was kommt in den besten Familien vor – und in den schlechtesten sogar noch öfter.

Verfallen Sie nicht in Panik, sondern entdecken Sie die FBI-Agentin/den FBI-Agenten in sich. Gehen Sie ganz fachmännisch daran, dieses Rätsel zu lösen. Schauen Sie zuerst unter allen Tischen nach. Wenn Sie das nicht selbst erledigen wollen, weil es Ihnen zu peinlich ist (sprich: Sie noch zu nüchtern sind), heuern Sie die herumschwirrenden Kinder dafür an (siehe weiter vorne). Sollten Sie unterm Tisch keinen Erfolg haben, prüfen Sie die Toiletten. Danach die Küche und die Vorratsräume, im Anschluss die übrigen Räume des Veranstaltungsorts.

Falls Sie nicht fündig werden, können Sie davon ausgehen, dass sich der Betrunkene nicht mehr im Gebäude aufhält. Labile Gäste werden vorschlagen, die Polizei zu rufen, aber auf diese Option sollten Sie erst zurückgreifen, wenn Sie keine andere Möglichkeit mehr sehen. Nutzen Sie die Zeit unterdessen für Vorarbeiten – die Polizei wird Ihnen dankbar sein. Lassen Sie per Stille-Post-Prinzip ruhig die Info auf der Feier umgehen, wer verschwunden ist – vielleicht kommen so die berühmten »Hinweise aus der Öffentlichkeit« zusammen.

Versuchen Sie nun, das Verschwinden durch individuelle Verhöre zu klären. Nehmen Sie die Leute beiseite, die den Verschwundenen zuletzt gesehen haben. Erstellen Sie ein Täterprofil. Suchen Sie in seinem Umfeld nach Motiven. Suchen Sie nach Blutspuren im ganzen Gebäude. Machen Sie sich viele Notizen und mit dem Smartphone Nahaufnahmen der Verdächtigen. Priorisieren Sie diese. Unterdessen können Sie die Kinder rund um den Veranstaltungsort ausschwärmen lassen, um die nähere Umgebung abzuklappern.

Immer noch nichts? Dann ist jetzt der Zeitpunkt gekommen, an dem Sie die Polizei rufen sollten.

Sprechen Sie die eintreffenden Beamten nicht von oben herab, sondern als Kollegen an, schließlich haben Sie den Tatort ja schon vorbildlich gesichert. Im Grunde steht nun nur noch die Klärung der Details auf dem Programm. Natürlich können Sie sich jetzt nicht zurücklehnen, sondern sollten die Kollegen weiter tatkräftig unterstützen. Es ist auch nicht unwahrscheinlich, dass sie lediglich die Personalien aufnehmen und gleich wieder abziehen wollen. Fordern Sie nachdrücklich den Einsatz einer Hundestaffel und eines Hubschraubers mit Wärmebildkamera. Es geht schließlich um ein Menschenleben! Bieten Sie den Beamten einen Verdauungsschnaps an und erkundigen Sie sich, ob Sie im Hubschrauber mitfliegen können.

Spätestens jetzt dürfte herauskommen, dass der Verschwundene sich eine Affäre angelacht hat, mit der er sich im Auto vergnügt. Bitten Sie die Polizisten um Handschellen, um beide abzuführen.

Wie Sie verhindern, dass man SIE wegschafft, wenn Sie betrunken sind

Sie konnten da nicht nüchtern hin und im Laufe des Abends hat sich Ihr Pensum nicht eben verringert. Wie auch, bei diesem Umfeld. Sie wussten im Prinzip ja ganz genau, wann Sie genug intus hatten – wann also das Zeitfenster von 15 Minuten offen war, in dem Sie auf Mineralwasser hätten umsteigen müssen, um am nächsten Morgen nicht als Wrack zu sich zu kommen.

Das war vor zwei Stunden gewesen.

Seitdem wurde ungefragt nachgefüllt, Likör zur Verdauung der Verdauungsschnäpse gereicht und Trinksprüche ausgestoßen, die Sie bis in Ihre Albträume verfolgen werden.

Noch stehen Sie. Aber ganz leicht schwanken Sie schon. Die Hemmungen sinken. Sie sehen Familienmitglieder an sich vorbeiziehen, denen Sie schon lange mal die Meinung geigen wollten. Wenn Sie gute Freunde um sich herum haben, werden diese genau das zu verhindern versuchen, und je nach Temperament fühlen Sie vielleicht das Verlangen, sich körperlich zur Wehr zu setzen.

Versuchen Sie, zumindest so viel Selbstkontrolle zu behalten, dass Sie nicht wahllos Leute anpöbeln. Setzen Sie sich friedlich hin. Lassen Sie sich ein Glas Wasser geben. Gucken Sie harmlos und unverdächtig drein. Behalten Sie trotzdem die Verwandtschaft im Auge, der Sie wichtige Dinge erklären müssen.

Bedenken Sie, dass Ihre Koordination wahrscheinlich ein wenig gelitten hat und dass Sie die vor Ihnen liegende Strecke wohl eher auf Umwegen hinter sich bringen werden. Nutzen Sie einen unbeobachteten Moment, um aufzustehen und so zügig wie möglich zur Zielperson zu gelangen. Wenn Sie Pech haben, werden Sie vorher von hinten gepackt. Rufen Sie dann einfach lauthals, was Sie vermitteln möchten. Sollten Sie aller Hindernisse ungeachtet tatsächlich bis zur Person vordringen, können Sie wohlartikuliert Ihr Anliegen vorbringen.

Entweder durch den darauffolgenden Schlag des Verwandten oder Erschöpfung Ihrerseits werden Sie zusammenbrechen und irgendwann in Ihrem Bett oder wenigstens im Vorratsraum aufwachen. Prüfen Sie umgehend auf

Ihrer Facebook-Seite, ob Sie auf Bildern von letzter Nacht markiert worden sind oder ob Sie noch irgendwelche Nachrichten verschickt haben. Rufen Sie die Leute an, die Sie wahrscheinlich dorthin gebracht haben, wo Sie aufgewacht sind, und erfragen Sie, was letzte Nacht so alles passiert ist.

Wie Sie sich verhalten, wenn Sie an einem Ort zu sich kommen, der NICHT die Feier ist

Es ist schon hell. Sie wachen auf und stellen fest, dass Sie nicht in Ihrem Bett liegen. Führen Sie die folgenden Schritte durch:

1. Schauen Sie nach, ob Sie angezogen oder nackt sind. Ist Letzteres der Fall, finden Sie etwas in der näheren Umgebung, womit Sie sich bedecken können.
2. Versuchen Sie aufzustehen. Wenn es nicht geht, bleiben Sie halt liegen. So oder so müssen Sie sich orientieren. Sind Sie unter freiem Himmel? Hat Sie jemand mit nach Hause genommen? Oder sind Sie vielleicht in ein fremdes Haus gegangen und haben sich dort im Wohnzimmer geparkt?
3. Tasten Sie Ihre Taschen nach Ihrem Smartphone ab. Ist es vorhanden, aktivieren Sie GPS. Befinden Sie sich in einem Haus, robben Sie ans Fenster, um ein besseres Satellitensignal reinzubekommen. Schauen Sie in der Karten-App nach, wo genau Sie sind.

Für das weitere Vorgehen ist es entscheidend, was Sie bis zu diesem Punkt herausgefunden haben:

- **Sie sind im Haus eines Bekannten**. Legen Sie sich einfach wieder dahin, wo Sie aufgewacht sind, und schlafen Sie weiter. Man wird Sie beizeiten wecken und rauswerfen.

- **Sie sind in einem Haus, das Sie nicht kennen**. Schleichen Sie sich nach draußen. Sollten Sie nackt sein, suchen Sie eine Decke und hüllen Sie sich vorher in diese ein (in diesem Fall haben Sie vermutlich auch kein Smartphone dabei und können nicht Ihre Position bestimmen, aber lieber so, als in der Zelle zu landen).

- **Sie sind unter freiem Himmel** (wahrscheinlich in einem Garten), aber immerhin in der Zivilisation zu sich gekommen. Beten Sie, dass Sie all Ihre Sachen bei sich haben, rufen Sie ein Taxi und fahren Sie dahin, wo Sie eigentlich hatten schlafen wollen. Falls Sie sich daran noch erinnern können.

- **Sie sind unter freiem Himmel zu sich gekommen** und sehen nur Bäume und Rehe. Haben Sie ein Smartphone, finden Sie per GPS den Weg ins benachbarte Dorf oder zurück in die Stadt. Haben Sie keines mehr, schlurfen Sie auf den nächsten Hügel. Nehmen Sie sich vor Wildschweinen in Acht und halten Sie Ausschau nach Zeichen von Zivilisation (Straßen, Atomkraftwerke). Gehen Sie dorthin. Sprechen Sie auf der Straße keine Kinder an – die Anwohner werden bei Ihrem derangierten Anblick nur die Polizei rufen. Wenn Sie Glück haben, sind Sie wieder an dem Ort, an dem die Feier stattfindet, wenn Sie Pech haben, sprechen alle im Dorf polnisch. Fragen Sie so lange herum, bis Ihnen jemand ein Telefon gibt und Sie um Hilfe rufen können.

Ihr Abgang

Mit Ihrem Auftritt auf der Feier können Sie schon einen aussagekräftigen Akzent setzen, aber erst Ihr Abgang bestimmt, wie die anderen Gäste Sie in Erinnerung behalten. Sie können damit einen glanzvollen Auftritt hinlegen, ja, andere vielleicht sogar zum Aufbruch animieren. Oder Sie halten sich zurück und verschwinden klammheimlich. Sie haben hier in der Gestaltung völlig freie Hand.

☞ **Der Rockstar-Abgang.** Sie möchten, dass wirklich alle mitbekommen, dass Sie jetzt gehen, und sie sollen es auch nicht vergessen. Suchen Sie sich irgendwen raus, dessen Visage Sie so gar nicht leiden können, und erklären Sie ihm lautstark, warum das so ist. Dann verschütten Sie ein paar Getränke und stoßen den nächstbesten Blumenkübel um. Wenn Ihnen danach ist, lassen Sie die Hose runter – zu diesem Zeitpunkt spielt das auch keine Rolle mehr. Erheben Sie beide Hände mit dem Victory-Zeichen, brüllen Sie »ME OUT!« und verlassen Sie den Saal. Draußen ist ein gejohltes »WOO-HOO!« optional, aber auf alle Fälle sollten Sie etwas Matsch (im Sommer) oder ein paar Schneebälle (im Winter) gegen die Panoramascheiben donnern.

☞ **Der gewissenhafte Abgang.** Es ist Ihnen wichtig, dass alle registrieren, dass Sie jetzt gehen. Also machen Sie die große Runde, gehen an jeden Tisch, schütteln alle Hände und erklären detailliert, warum Sie jetzt aufbrechen müssen. Bei denjenigen, mit denen Sie (absichtlich oder unabsichtlich) an diesem Tag oder Abend nicht viel Zeit verbracht haben, entschuldigen Sie sich wortreich. Sie dampfen erst ab, wenn Sie sicher sind, dass wirklich alle darüber im Bilde sind, dass diese Feier nun ohne Sie auskommen muss.

☞ **Der Ninja-Abgang.** Sie sind ganz plötzlich weg. Passen Sie ein Rudel Raucher ab, das gut gelaunt nach draußen geht. Am besten haben Sie ein paar Kippen dabei, die Sie demonstrativ in der Hand halten. Sobald Sie alle gemeinsam das Gebäude verlassen haben, lassen Sie sich zurückfallen und stürzen sich hinter die nächste Hecke. Dann warten Sie, bis die Raucher fertig sind und schleichen geduckt zu Ihrem Auto, das Sie an einer strategisch günstigen Position geparkt haben – also in gerader Linie zur Straße, die Sie schnell wegbringt. Frühestens eine Stunde später fällt überhaupt irgendwem auf, dass Sie gar nicht mehr da sind.

☞ **Der familiäre Abgang.** Mit Ehepartnern oder Kindern im Schlepptau müssen Sie eine organisatorische Meisterleistung hinlegen, wenn Sie wirklich zur angedachten Zeit weg sein wollen. Haben Sie selbst sich erfolgreich verabschiedet, hat sich vielleicht Ihre Partnerin oder Ihr Partner schon wieder festgequatscht.

Oder die Kinder haben sich inzwischen eine neue Cola besorgt oder sind überhaupt nicht auffindbar. Gelingt es Ihnen schließlich, alle ins Auto zu verfrachten, fällt dem kleinsten Ihrer Pimpfe ein, dass sie oder er noch mal auf die Toilette muss. Also gehen Sie zurück und bleiben schon wieder irgendwo hängen. Wie auch immer Sie es angehen – Sie werden nicht so einfach verschwinden können. Bewährt hat sich die Strategie, die Familie nach und nach vor die Tür zu befördern. Schicken Sie zuerst Ihre Partnerin oder Ihren Partner raus. Sie oder er nimmt dann eins nach dem anderen die Kinder entgegen und schleift sie direkten Weges zum Auto. Wenn alle draußen sind, verlassen Sie den Ort der Feier. Achten Sie dabei nur darauf, dass zwischenzeitlich kein Kind wieder verschwindet oder Sie eines verladen, das gar nicht Ihnen gehört. Gerade bei Patchworkfamilien besteht diese Gefahr.

Niemand lässt Sie gern gehen. Wenn Leute sich verabschieden, ist das oft auch das Startsignal für andere zum Aufbruch, und viele Gastgeber fürchten diesen Moment, in dem die große Wanderung einsetzt und das unwiderrufliche Ende der Feier eingeläutet wird, obwohl es noch nicht mal Mitternacht ist. Daher versuchen sie zu verhindern, dass das passiert.

Wenn's dumm läuft, sind Sie sogar der Auslöser dafür. Sie brauchen nur ein lockeres »So, ich mach mich dann mal langsam auf den Weg« in die Runde zu werfen, und plötzlich springen alle auf und verkriechen sich hinter Ihrem Rücken. Nun wollen diese Leute in Ihrem Fahrwasser die

Feier verlassen, und für den oder die Gastgeber sieht es so aus, als hätten Sie die anderen zum Gehen animiert. Der innerfamiliäre Shitstorm ist vorprogrammiert. Sie können das verhindern, indem Sie kurz vorm Gehen noch mal einen Schlenker machen und sich wieder hinsetzen, während die anderen schon dabei sind, die Biege zu machen. Nach einer Karenzzeit zwischen drei und vierundzwanzig Minuten können Sie dann auch unauffällig gehen und niemand wird der Meinung sein, Sie hätten die Feier gesprengt.

Ihr Gehen könnte auch jäh unterbrochen werden von Leuten, die Sie dabehalten wollen, entweder weil sie mit Ihnen noch ein Hühnchen zu rupfen haben oder weil sie glauben, dass Sie der einzige Gast auf der Feier sind, mit dem man sich vernünftig unterhalten kann. In diesem Fall könnten Sie sich sogar umentscheiden, wenn die Feier Sie noch nicht Ihrer letzten Kräfte beraubt, andernfalls sollten Sie sich nicht wieder reinziehen lassen. Verweigern Sie die Annahme frischer Getränke und die Einladung, sich noch mal an diesen einen Tisch zu setzen. Lassen Sie sich nicht einlullen, draußen wartet die Freiheit! Haben Sie verkündet, dass Sie gehen, dann gehen Sie auch. Wenn Sie jetzt einen Rückzieher machen, zeigen Sie Schwäche, und dann verbringen Sie nicht nur den Abend auf der Feier, sondern auch noch den nächsten Vormittag.

Feiern ohne Ende

Anders sieht es natürlich aus, wenn Sie bleiben *wollen* und das Ziel haben (oder die Umstände sich so ergeben), dass Sie zu den letzten Gästen des Abends gehören, weil Sie der

Gastgeberin oder dem Gastgeber eine besonders launige Feier bescheren möchten.

Dann muss Ihr Ziel sein, dass die Langweiler und Feierverweigerer sich nicht einfach so davonmachen, sondern dass so viele Leute wie möglich so lange wie möglich bleiben. Und das idealerweise mit einer Laune und einer Verve, die dem Rahmen der Feier angemessen ist.

Sie müssen sich nicht zum Animateur degradieren, keine Angst. Es reicht schon, wenn Sie den Lauf der kleinen Dinge ändern, die dazu führen, dass die Gäste frühzeitig verschwinden:

☞ **Verstecken Sie die gesamte Garderobe.** Gerade im Winter eine exzellente Maßnahme, die Gäste am Platz zu behalten. In der etwas humaneren Variante können Sie die Jacken schön durcheinandermischen, sodass es viel zu lange dauern würde, bis jeder sein Kleidungsstück gefunden hat. Da entscheiden sich die Gäste gern, noch eine Stunde länger zu bleiben, bis der Kleiderberg sich gelichtet hat.

☞ **Behaupten Sie, draußen wären ein paar Autos eingeparkt**, aber kein Problem, Sie parken die störenden Autos kurz um. Besorgen Sie sich von den Fahrern die Schlüssel. Stellen Sie deren Fahrzeuge einige Kilometer vom Veranstaltungsort entfernt hin (am besten machen Sie das gemeinsam mit einem Mitverschwörer, mit dem Sie pendeln und die Aufräumarbeiten beschleunigen können). Geben Sie den Leuten ihre Autoschlüssel zurück, aber erklären Sie dabei, dass

Sie wegen des gewaltigen Verkehrs leider nur ganz weit draußen parken konnten. Das wird viele dazu animieren, sich erst später auf den Weg zu machen. Und wenn sie dann – strategisch günstig – nicht mehr genau wissen, wo das Auto eigentlich steht, kehren sie sogar wieder zurück, nachdem sie gegangen sind.

☞ **Zu fortgeschrittener Stunde positionieren Sie sich am Ausgang.** Wenn jemand gehen will, die oder den Sie kennen, schicken Sie die Person direkt zurück. Behaupten Sie, dass es noch einen geheimen Programmpunkt gibt (was natürlich nicht stimmt). Ist es eine Person, die Sie nicht kennen, fragen Sie nach dem Namen – und dann fällt bei Ihnen demonstrativ der Groschen. Diese Person wurde vorhin noch dringend von X gesucht, wobei X der Gastgeber sein kann, der Inhaber der Gaststätte oder dieser eine Onkel aus Cottbus. Lassen Sie nur die Leute gehen, die sowieso als Partybremser bekannt sind, Babys haben oder die Sie selbst gern los sind.

☞ **Klauen Sie den Gästen, die sich zum Aufbruch bereit machen, die Handtaschen oder Geldbeutel.** Sie verbringen dann noch einige Zeit damit, diese zu suchen. Machen Sie vor der versammelten Mannschaft eine Durchsage, was alles vermisst wird und dass alle bitte die Augen danach offen halten sollen. Und wieder bleiben ein paar Leute länger.

☞ **In letzter Instanz können Sie die Gäste natürlich auch einfach einsperren.** Aus Feuerschutzgründen sollte das Ganze allerdings nur eine Täuschung sein. Selbstredend haben Sie immer den Schlüssel in der Tasche und könnten öffnen, wenn Sie es denn wollten.

Setzen Sie das alles in die Tat um, wird auch lange nach Mitternacht noch ein großer Teil der Gäste anwesend sein. Sorgen Sie dann noch dafür, dass auf der Feier die anderen weiter oben aufgeführten Faktoren stimmen (die richtige Musik, keine langweiligen Reden oder dämliche Spiele), bescheren Sie der oder dem Gastgeber einen tatsächlich unvergesslichen Abend.

Letzter Ausweg: Krankheiten

Vielleicht klappen Sie im letzten Augenblick vor der Feier innerlich zusammen, weil es doch alles einfach zu viel für Sie ist. Nein, Sie können da nicht hin. Nicht nüchtern, auch nicht betrunken, überhaupt nicht. Sie brauchen eine überzeugende, sofort gültige Ausrede:

Täuschen Sie eine Krankheit vor

Wichtig ist, dass Sie den exakt richtigen Moment abpassen, wenn Sie eine Unpässlichkeit vorschützen möchten, die verhindert, dass Sie überhaupt auftauchen müssen. Melden Sie sich bloß nicht zu früh krank, sonst wird von Ihnen erwartet, dass Sie sich auskurieren und Medikamentenberge schlucken, damit Sie wenigstens körperlich anwesend sein können (wie es sich gehört). Selbst wenn Sie sich zwei Tage vor dem Termin melden, könnte das noch zu früh sein. Nur der Tag unmittelbar vor der Feier ist perfekt – dann ist bei der Veranstaltung noch genug Zeit, gegebenenfalls die Sitzordnung anzupassen, und niemand erwartet von Ihnen eine Wunderheilung.

Die Wirkung steigern können Sie noch, indem Sie die Krankheit von jemand anders durchgeben lassen, etwa von der Partnerin oder dem Partner. Verzichten Sie auf E-Mails oder sonstige schriftliche Nachrichten – die Absage muss auf alle Fälle persönlich erfolgen, sonst machen Sie sich durch die Distanziertheit der Nachricht verdächtig. Außerdem können Sie auch mit geringem schauspielerischem Talent per Telefon eine überzeugende Darbietung liefern.

Selbstverständlich muss die gewählte Krankheit auch zu Ihnen passen und sollte nicht zu willkürlich daherkommen. Wenn Sie ein chronisches Leiden haben – super! Dann ist das halt mal wieder schlimm geworden.

Sind Sie kerngesund, wählen Sie aus diesen empfehlenswerten Gebrechen:

☠ **Magen-Darm.** Die perfekte Ausrede, um eine Familienfeier zu vermeiden. Niemand möchte, dass Sie blass dasitzen und einen Eimer neben sich bereithalten müssen. So etwas stört die Stimmung. Und niemand möchte, dass Sie die anderen Gäste anstecken.*

---

* Vor allem wollen das nicht die anderen Gäste.

☠ **Migräne.** An und für sich nicht dramatisch, aber hat den Vorteil, dass es eine für alle nachvollziehbare und damit verzeihbare Angelegenheit ist. Kommt außerdem unangekündigt und kann alle möglichen Gründe haben oder auch keine.

☠ **Erkältung.** Natürlich nicht so eine 08/15-Erkältung mit ein wenig Schnupfen und Husten. Wenn Sie sich wegen so etwas krankmelden, dann ist es mindestens eine ausgewachsene Influenza. Malen Sie die Symptome ruhig blumig aus. Da Sie höchst ansteckend sind, wird Ihnen gern vom Besuch der Feier abgeraten werden.

Fein raus sind Sie generell, wenn Sie kleine Kinder haben. Die schleppen sowieso eine Seuche nach der anderen ins Haus, und diese müssen nicht mal in allen Details beschrieben werden. Es genügt, ein paar primäre Symptome zu beschreiben, und schon werden Sie schnell eine Entschuldigung haben.

Nicht zu empfehlen sind folgende Krankheiten, weil sie schnell als Ausrede durchschaut werden:

☠ **Unfall.** Selbst ein Haushaltsunfall, bei dem Sie sich den Knöchel verstauchen und ein paar Tage schonen sollen, ist verdächtig. Paranoide Gastgeber verlangen die Vorlage eines Attestes. Und wenn Ihr Hausarzt sich weder mit Schnaps noch mit Pralinen bestechen lässt, haben Sie schlechte Karten.

☠ **Kopfschmerzen.** Die schwache Variante ist mit Medikamenten behandelbar, und die Bereitschaft, dass Sie sich chemisch auf Vordermann bringen und im Gegenzug auf Alkohol verzichten, wird von Ihnen erwartet. Siehe oben – machen Sie es nicht unter einer Migräne.

☠ **Depression.** Wenn Sie diese als Grund angeben, müssen Sie damit rechnen, ausgelacht zu werden. Eine Familienfeier ohne Depression zu überstehen ist nicht möglich, und wer ohne eine anreist, geht sicher mit einer im Gepäck wieder weg.

Krank werden auf der Feier

Der Familienspaß ist nicht auszuhalten. Der Schweiß steht Ihnen auf der Stirn. Sie haben tatsächlich einen Krankheitskeim in sich, aber sich pflichtbewusst zur Feier geschleppt. Und finden sich nun in einer Zwickmühle wieder: Wenn Sie vorzeitig verschwinden, glaubt Ihnen niemand, dass Sie jetzt erst krank geworden sind, denn wenn es Ihnen wirklich so schlecht ginge, wären Sie schließlich gar nicht erst gekommen, oder? Sie müssen also einen Weg finden, die Feier so lange zu überstehen, bis die ersten Gäste gehen und Sie sich ihnen anschließen können:

☞ Suchen Sie sich einen Platz an einem offenen Fenster, damit Sie ausreichend mit frischer Luft versorgt sind, aber ohne Durchzug, damit Sie sich nicht noch eine Lungenentzündung als Bonus holen.

☞ Betten Sie sich in der Vorratskammer auf den weichen Umverpackungen der Nahrungsmittel.

☞ Kühlen Sie Stirn und Waden mit kalten Weizenbierfla-
schen. Tauschen Sie die Buddeln regelmäßig aus.

☞ Schließen Sie sich auf einer Toilette ein. Bei bestimmten Symptomen sowieso ratsam.

Halten Sie immer die Augen offen, wann die ersten Gäste
sich verabschieden und haken Sie sich nötigenfalls bei
jemandem ein, der Sie mit nach draußen schleifen kann.

Runde Geburtstage: So jung kommen wir nicht wieder zusammen

Bullshit-Bingo Runder Geburtstag

Sperren Sie die Ohren auf. Wenn Sie einen solchen Satz hören, markieren Sie ihn. Haben Sie fünf in einer Reihe, rufen Sie »BINGO!« und holen Sie Getränke.

Das ist doch kein Alter!	Ich weiß noch, als ich so alt geworden bin.	Und, wie alt FÜHLST du dich heute?	Du siehst gar nicht so alt aus!	Wann willst du endlich heiraten?
Ist das auch wirklich vegetarisch?	Das sind ja niedliche Kinder!	Sie/er sieht ja schon ziemlich alt aus.	Wenigstens heute hätte sie/er sich mal ordentlich anziehen können.	Das ist das ganze Büfett?
Das Büfett sieht super aus.	So alt werde ich nie.	Du siehst viel jünger aus!	Gib Oma ein Küsschen!	Der Anzug/das Kleid steht dir, äh, super!
Und du meinst, so ein Alter sollte man feiern?!	Wie alt wird sie/er noch mal?	Das sind ja fürchterliche Kinder!	Das Beste liegt noch vor dir.	In diesem Alter habe ich schon …
Besseres Wetter hätte sie/er sich nicht aussuchen können.	Dass sie/er überhaupt noch mal feiert nach letztem Mal …	Alter Sack!/Alte Schachtel!	Die Geschenke dort auf den Tisch, bitte.	Ich hätte nie gedacht, dass du mal so alt wirst.

Der runde Geburtstag ist der Inbegriff der Familienfeier. Es gibt keinen äußeren Anlass, der im Kalender rumlungert, und er ist kein Ereignis wie eine Hochzeit, die man auf einen beliebigen Termin legen kann. Nein, der runde Geburtstag lauert wie der Fuchs in der Nähe des Hühnerhofs: Man weiß, dass er da ist und würde ihn am liebsten verjagen, aber irgendwann schlägt er erbarmungslos zu. Eher verpönt ist es auch, einen 40., 50. oder 60. Geburtstag an einem anderen Termin nachzufeiern, beispielsweise lieber an einem lauen Sommerabend statt in sibirischer Februarkälte. Echte Feiernde bestehen nämlich dummerweise gerne darauf, dass die Verwandtschaft EXAKT AN DEM TAG antanzt, auf den der Ehrentag fällt. Diese Verhaltensweise wird im Alter stärker, wenn das Konzept »Werktag« nur noch eine vage Erinnerung ist. Selbst wenn Sie ein florierendes internationales Unternehmen führen und eigentlich eine Verabredung mit Investoren in Hongkong haben, wird von Ihnen erwartet, zum richtigen Termin aufzuschlagen. Sind Sie tatsächlich verhindert, brauchen Sie gar nicht zu versprechen, stattdessen im Folgejahr zu kommen. Bei einem unrunden Geburtstag interessiert sich niemand wirklich für die Gäste.

Damit Sie selbst nicht derart überrascht werden von bedeutenden Geburtstagen der gesamten Verwandtschaft, sollten Sie großflächig die jeweiligen Geburtstermine notiert und griffbereit haben, denn sonst werden Sie von einer Einladung überrumpelt, die schlimmstenfalls größere Reisen und Planungen erfordert. Wenn Sie schon wissen, wer wann wie alt wird, können Sie Ihr Leben entsprechend planen – oder langfristig gute Ausreden arrangieren. Koordinieren Sie sich am besten mit Ihren Geschwistern und anderen engen Verwandten. In mittelalterlicher Tradition wird von jedem Flügel der Sippschaft eine Delegation erwartet, und wenn Sie Geburtstag A aufsuchen, bleibt Ihnen vielleicht Geburtstag B erspart, zu dem sich Schwester oder Bruder bequemen.

Die Zahl des Geburtstags ist der Grundstein, auf dem alles aufgebaut ist: das Publikum, der Ort, der Ablauf, der Exzess – oder das Fehlen von alledem. Wenn Sie im Laufe der Zeit runde Geburtstage jeder Größenordnung in Ihrer Familie besucht haben, werden Sie diese Muster erkennen:

1. Je höher der Geburtstag ist, desto förmlicher läuft alles ab. Das hängt natürlich damit zusammen, dass viele Altersgenossen anwesend sind, die sich vor allem deswegen herausputzen, um über die Garderobe der jüngeren Leute die Nase rümpfen zu können. Es wird auch versucht, der ganzen Veranstaltung eine Distinguiertheit und Würde mitzugeben, die im Alter schwierig zu erreichen und schwieriger zu bewahren ist. Der einfachste Weg ist, wiederholt darauf zu verweisen, dass früher alles besser war, vor allem die runden Geburtstage.*

2. Je höher der Geburtstag ist, desto mehr Leute werden eingeladen. Es scheint ein grundlegender Wunsch zu sein, im fortgeschrittenen Alter so viele wie möglich live und in Farbe davon zu überzeugen, dass man noch lebt. Vielleicht, damit die anderen nicht auf dumme Gedanken kommen und schon das Erbe untereinander aufteilen.

---

* Diese runden Geburtstage hatten allerdings eine 2 oder 3 vorne und waren natürlich besser als die mit der 7 oder der 8.

3. Besonders die runden Geburtstage mittleren Alters sind ein einziges Schaulaufen von Midlife-Crisis-Symptomen, das Vergleichen von Statussymbolen, garniert mit der Gewissheit, dass die eigene biologische Uhr unaufhaltsam tickt.

4. Je weiter Sie altersmäßig vom Geburtstagskind entfernt sind, desto früher wünschen Sie sich nach Hause zurück. Als 20-Jähriger auf einem 80. Geburtstag auszuharren, ist schon schwer genug, aber umgekehrt ist's auch nicht besser, für keinen der Beteiligten. Sie werden schon sehen, wenn Sie in dieses Alter kommen.

5. Bei einem runden Geburtstag geht es nur aus der Perspektive des Geburtstagskindes um den Geburtstag. Viele andere sind lediglich da, um sich einen Überblick über den Zustand der Familie zu verschaffen und auf dem neuesten Stand zu bleiben, wer sich äußerlich oder innerlich verbessert oder verschlechtert hat. Unter besonderer Beobachtung steht dabei selbstverständlich das Geburtstagskind.

Runder Geburtstag extrem – Sie sind dran!
Als Gast erleben Sie auf einem runden Geburtstag das Geschehen von außen, und wenn Ihnen das Geburtstagskind am Herzen liegt, können Sie vielleicht helfen, es vor den Klauen der Verwandtschaft zu bewahren. Und Sie haben die Möglichkeit, sich von dem Feierdrama zurückzuziehen und zu verstecken, wenn es Ihnen zu peinlich oder zu albern wird. Aber schlimmer ist es, wenn Sie selbst das Opfer sind, dessen Alter plötzlich eine Null ziert. Sie haben gar

keine Chance. Denn dann müssen Sie da sein. Immerzu. Alle wollen Ihnen gratulieren. Sie sind die Gastgeberin oder der Gastgeber. Das macht Ihre eigenen runden Geburtstage zu mehr als nur einer Familienfeier, die es zu überleben gilt.

Sie sind versucht, das Ganze kurzerhand ins Wasser fallen zu lassen. Vielleicht ist die Erinnerung an Ihren letzten runden Geburtstag inzwischen schon verblasst. Längst haben Sie verdrängt, dass alles ungefähr so lustig war wie der Tag, als Sie wegen Magen-Darm zum Arzt wollten, aber der Autoschlüssel in den Gully gefallen war und Sie kopfüber ... aber egal. Jedenfalls war das alles nicht so toll und Sie wollen eigentlich auch gar nicht daran denken, wie die anderen Sie da rausgezogen haben und Ihr Magen dann ... nun, der letzte runde Geburtstag war so ähnlich, nur nicht kopfüber, aber auch diesen haben Sie nicht mehr ganz so präsent vor Augen, weil Sie ja geistig gesund bleiben möchten (und daher verdrängen, was das Zeug hält). Dann kommt das Gewissen dazu, das Ihnen einflüstert, dass es sich ja eigentlich gehört, die Familie zu so einem Anlass einzuladen, statt daheim zu hocken und erleichtert zu sein, dass dieser Kelch an Ihnen vorübergeht. Und wer weiß, es könnte ja auch eine lustige Idee sein, mal wieder die ganze Familie einzuladen.

Tja ... Sagen Sie nicht, Sie wären nicht gewarnt worden!

Freiheit! Der 20. Geburtstag

Ein undankbarer Anlass. Natürlich wollen Sie den 18. Geburtstag feiern (Führerschein! Alkohol!), und dabei hat die Familie sowieso nur eine Statistenrolle (sie darf allerdings gern die Partykosten sponsern). Der 19. dann ist schon etwas weniger ausgelassen, denn es gibt keine neuen Dinge, die man darf, stattdessen hängt die drohende 2 wie ein Damoklesschwert über Ihnen. In vielen Kulturkreisen gilt der 19. nicht umsonst als der erste zutiefst traumatisierende Geburtstag, vergleichbar mit der Erkenntnis, dass es keinen Weihnachtsmann gibt.

Dann überfällt Sie plötzlich die 20.

Nach zwei Partys ohne Familie gibt es nun drängende Nachfragen, ob Sie nicht mal wieder das eigen Fleisch und Blut mitfeiern lassen möchten, und leichtsinnigerweise lassen Sie sich breitschlagen. Das Ganze ist natürlich nur ein Vorspiel zu dem Schrecken, der noch kommt. Der nächste Geburtstag, der mit der 21, markiert das Erreichen der vollen Strafmündigkeit, daher ist dies ein verhasster Anlass. Alles ab dem 25. ist dann eine einzige endlose Nachfrage, wann man denn endlich erwachsen zu werden, eine Familie zu gründen, den Bausparvertrag abzuschließen und den Familienbetrieb – eine Molkerei an der polnischen Grenze – zu übernehmen gedenkt. Der 20. Geburtstag mag für Sie hart sein, aber bei den folgenden Feiern wird er Ihnen vorkommen wie ein Tag, an dem Sie beim Wasserskifahren von einer Gehaltserhöhung erfahren haben.

So lassen Sie sich also überreden und laden die ganze

Bande ein. Kann ja nicht so schlimm werden – auch ein Kernsatz, der untrennbar mit Familienfeiern verbunden ist.

Natürlich wollen Sie vor allem die guten Freunde dabeihaben, in der Erwartung, dass sich alles zu einer schönen Party entwickelt, nach der mindestens einer der Gäste am nächsten Morgen mit einem Bündel 5-Euro-Scheine in der Unterhose in der Papiertonne des Discounters um die Ecke aufwacht.

Aber was erwartet wird, spielt keine Rolle. Denn da ist noch eine weitere Gruppe, die sich ganz andere Dinge von Ihrem Ehrentag erhofft. Sie geht nämlich davon aus, dass Sie bei diesem Anlass auf Spur gebracht werden.

Egal, was genau Sie gerade aus dem Leben machen oder in dieser Hinsicht planen – es wird der Familie nicht genug sein. Vielleicht haben Sie schon einen Job, stecken in einer Ausbildung oder einem Studium – das ist doch alles nichts. Den halben Abend lang ertönen viele tolle Ratschläge, was Sie anders machen sollten, und die zweite Hälfte ist angefüllt mit Anekdoten, wie damals alles besser und anders war und was die oder der Erzählende mit 20 gemacht hat – und jede Wette, das war alles spannender, faszinierender und zukunftsorientierter als die Umstände, mit denen Sie sich rumplagen müssen.

Wenn Sie in eine solchermaßen gelagerte Diskussion verstrickt werden, brauchen Sie schlagkräftige Argumente:

☞ Wenn es heißt: »Wir haben damals gerade mal X DM verdient«, recherchieren Sie auf dem Smartphone die Lebenshaltungskosten des besagten Jahres. Rechnen

Sie den Klugscheißern vor, wie viel prozentual von dem »jämmerlichen« Gehalt damals übrig geblieben ist im Vergleich zu dem, wovon Sie Miete, Wasser und Strom zahlen dürfen.

☞ Halten Sie eine Liste prominenter Studienabbrecher bereit.

☞ Wenn Sie dazu gedrängt werden, irgendeinen Job zu erledigen, den die Familie schon seit zwölf Generationen innehat, erklären Sie, dass heutzutage alle »im Internet« arbeiten. Sie brauchen das gar nicht weiter auszuführen. Schieben Sie nötigenfalls »Das ist eben heute so« nach, um die Diskussion zu beenden.

Um Ihren Eltern wenigstens ein bisschen entgegenzukommen, lassen Sie sie um des lieben Friedens willen alles organisieren. Achten Sie dabei nur darauf, dass sie keine formelle Feier auf die Beine stellen, denn Ihnen und Ihren Altersgenossen ist das völlig egal. Kümmern Sie sich einfach darum, dass es eine größere Auswahl an Alkoholika gibt als in den Schnapsläden im Bahnhofsviertel.

Mit denjenigen, die die versammelte Familie zum ersten Mal sehen, können Sie ein lustiges Ratespiel veranstalten. Nehmen Sie gemeinsam bestimmte Leute aus Ihrer Familie in Augenschein und lassen Sie die Freunde raten, wie das Verwandtschaftsverhältnis ist, was die Person beruflich macht und wie sie allgemein tickt. Wer am weitesten von der Wahrheit entfernt ist, muss auf ex trinken. Sie werden beobachten, dass mit fortschreitendem Alkoholkonsum die verrückten Vermutungen über Ihre Familie immer zutreffender werden.

Wann gibt's Nachwuchs?
Der 30. Geburtstag

Wenn es beim 20. Geburtstag noch darum ging, Sie sanft oder auch mit Waffengewalt in die richtige Richtung zu drängen – also diejenige, die der Familie genehm ist –, so ist der 30. das Tribunal, auf dem darüber gerichtet wird, ob alles so eingetreten ist wie damals angeleiert.

Der Welpenschutz ist mit diesem Tag offiziell zu Ende. Sie sind jetzt ein vollwertiges Mitglied der Gesellschaft. Und wenn Sie das noch nicht sind, müssen Sie sich auf einiges gefasst machen.

Sollten Sie schon im Vorstand eines Dax-Unternehmens sitzen, zwei bis drei ordentlich parfümierte Kinder und/oder ein protziges Auto aus britischer Herstellung haben, wird der 30. Geburtstag etwas leichter zu bewältigen sein, als wenn Sie im vierzehnten Semester Soziologie (Nebenfach Kalligrafie) studieren. Am wahrscheinlichsten ist, dass Sie in der seltsamen Zeit zwischen jugendlichem Leichtsinn und Midlife-Crisis gefangen sind. Zwar haben Sie schon einen Lebensweg eingeschlagen, aber der ist noch nicht so festgeschrieben, als dass die Familie ihn nicht genau in Augenschein nehmen würde.

Vor allem zwei Themen werden die Verwandtschaft anlässlich dieser Feier beschäftigen: der Ehestand und die Frage, ob Sie schon Kinder haben.

Wenn Sie eine Frau sind, dürfen Sie noch stärker zittern,

denn traditionell ist dieses Thema für die Damenwelt ein rotes Tuch. Sollten Sie das Pech haben, Ihre neue Partnerin/Ihren neuen Partner erstmals zum 30. Geburtstag mitzubringen, finden Sie weiter vorne nützliche Tipps für diese delikate Situation. Aber wenn Sie schon länger liiert sind (und die Art von Paar, die die CSU total knorke findet, also Frau und Mann), aber noch keine Kinder haben ...

... ja, warum eigentlich nicht? Was ist denn mit Ihnen los? Gibt's vielleicht medizinische Gründe? Da kann man doch was tun. Es gibt da diesen Arzt in Heidelberg, der Adelheid damals geholfen hat. Oder wollt ihr einfach nicht? Das bereut ihr doch in zehn Jahren, wenn es zu spät ist. Die biologische Uhr tickt! Ist doch auch für die Kinder nicht schön, wenn sie so alte Eltern haben. Außerdem ist das doch völlig normal, und das Solidarsystem funktioniert nicht anders. Wenn das jeder machen würde!

Beruhigen Sie sich. Das war jetzt nicht ernst gemeint. All das sind nur Beispiele für die Dinge, die Sie sich anhören werden müssen. Wieder und wieder. Wenn Sie im gebär- oder zeugungsfähigen Alter und in einer Beziehung sind, wird Ihnen kein größerer Vorwurf als die Kinderlosigkeit gemacht werden. Selbstverständlich gerade von denjenigen, die selbst Nachwuchs bis zum Abwinken und es zu ihrem Hobby erhoben haben, allen mit weniger als fünf Kindern Vorwürfe zu machen, als wäre Unterbevölkerung das dringendste Problem, mit dem unser Planet zu kämpfen hätte.

Psychologisch ist das leicht zu erklären. Diese Leute haben sich für ihre Sprösslinge aufgeopfert oder tun es noch und wollen jetzt, dass alle anderen das auch tun, sonst wäre es ja unfair. Und daraus ergibt sich für Sie die einfache Lösung: Schmieren Sie den anderen Eltern Honig ums Maul, wie sehr Sie sie bewundern, wie wohlerzogen die Kinder doch sind, die ja überhaupt das Größte auf der Welt sind, und wie läuft's denn so mit Nachtschlaf/Kindergarten/Schule? Problem gelöst: Die Eltern werden begeistert in den üblichen Monolog verfallen, was die Kleinen in letzter Zeit alles getan haben und in welchen Kursen sie derart großes Talent zeigen, dass sie bald einen Intelligenztest machen sollten. Nicht dass man denken würde, sein Kind wäre ein Genie, neinnein, haha, aber man kann ja mal sicherheitshalber, man will ja nichts verpassen und sich später Vorwürfe machen ...

Mithilfe solch geschickter Nachfragetechniken erwecken Sie den Eindruck, als könnten Sie es kaum erwarten, eine eigene Familie zu gründen. Dieser Eindruck mag in den folgenden Jahren nachlassen.

Aber für diesen Tag zumindest haben Sie Ihre Ruhe.

Ähnliche Dinge werden sich in Ihre Gehörgänge schrauben, wenn Sie noch nicht verheiratet sind. Natürlich werden Sie dann ausgequetscht, wann es denn so weit ist, vor allem von den älteren Semestern, in deren Wahrnehmung die Reihenfolge Hochzeit–Sex–Nachwuchs streng einzuhalten ist und eine der anderen vielfältigen Kombinationsmöglichkeiten, die das 21. Jahrhundert so mit sich gebracht hat, nicht denkbar ist. Selbst wenn Sie erst seit vorgestern mit dieser Person an Ihrer Seite zusammen sind und immer noch Probleme haben, ihren richtigen Vornamen zu behalten, gehen einige andere Leute davon aus, dass Sie die Beziehung für die nächsten Jahre schon durchdacht und geplant haben – mit einer Hochzeit als logischem Zwischenschritt.

Kitzlig für Sie ist das besonders dann, wenn Sie und Ihre Partnerin/Ihr Partner zwar eine glückliche Beziehung führen, aber sich nicht zu hundert Prozent einig sind, wie die nächsten Jahre aussehen können – ob mit oder ohne Ja-wort. Sie möchten nicht zu positiv oder zu negativ in diese Richtung rüberkommen (und, oh ja, Sie können fest damit rechnen, dass Ihre unverbindliche Standortäußerung zur Beziehung auf der Feier schneller die Runde macht als ein Proton im Cern).

Wie gesagt, wenn Sie schon Kinder rumtragen oder mitschleifen, egal in welchem Alter – dann ist die Familie zufrieden und es kann in Ruhe gefeiert werden. Eigentlich. Denn die Aasgeier konzentrieren sich dann eben auf Ihr berufliches Vorankommen. Wenn Sie über dem Bundesdurchschnitt liegen, können Sie gern eine Gehalts-bescheinigung griffbereit halten. Ist Ihr Beruf (oder Ihr Studium) eher unspektakulär, sollten Sie in den vergangenen Jahren die üblichen Ausreden verinnerlicht haben (»Mir geht es nicht nur ums Geld.«/»Man tut etwas für die Gesellschaft.«/»Das ist der totale Zukunftsmarkt!«/»Ich kann nichts anderes.«).

Helfen Sie mir über die Straße!
Der 40. Geburtstag

Sie werden sich vor allem damit rumplagen, dass 40 die Hälfte von 80 ist. 30 mal 2 ist 60, und 60-Jährige dürfen noch nicht mal in Rente gehen, ohne dass die FDP die Nase rümpft. Das ist doch kein Alter. Aber 80 ... das ist eine ganz andere Liga. Eine, die nicht so erstrebenswert klingt. Und 40 ist die halbe Strecke.

Der 40. Geburtstag ist der offizielle Abschied von Ihrer Jugend.

Zumindest werden alle Ihnen das einreden wollen.

Und Sie sollten nichts unversucht lassen, die Gäste davon zu überzeugen, dass das vielleicht bei ihnen der Fall ist ... doch *Sie* haben nicht vor, sich so schnell von der Jugendlichkeit zu verabschieden.

Aber natürlich möchten Sie sich auch nicht den Peinlichkeiten einer Midlife-Crisis hingeben – genauer gesagt möchten Sie diese gar nicht offen zur Schau stellen. Sie kennen es von anderen 40. Geburtstagen: Es wird ein DJ angeheuert, der höchstens 20 ist, und er bekommt die Ansage, dass er nur das Zeug spielen darf, das gerade in den Clubs angesagt ist, in die die Jubilantin/der Jubilant seit fünf Jahren dank der ersten Faltenbildung nicht mehr reingelassen wird. Zur Begrüßung wird auf so einem Geburtstag üblicherweise eine Rede gehalten, in der davor gewarnt wird, Witze über graue Haare, vorzeitige Verrentung oder nachlassenden Sexualtrieb zu machen. Irgendwer schenkt dann sicher auch ein T-Shirt mit der Aufschrift: »Ich bin über 40! Bitte helfen Sie mir über die Straße!«

So etwas wollen Sie doch nicht.

Zugegeben: Sie wollen es *doch*. Denn die bedauernswerte Alternative bestünde darin, sich das Alter einzugestehen und die Feier dementsprechend zu begehen. Da Sie wahrscheinlich überwiegend Altersgenossen eingeladen haben, sitzen Sie alle im gleichen sinkenden Boot. Der 40. hat damit zwangsläufig zur Folge, dass eine Horde Leute auf der Schwelle zum Altwerden zusammenhockt und deprimiert ist.

Besser, Sie organisieren ein derart straffes Programm, dass den Gästen auf dem Heimweg schließlich gar keine andere Wahl bleibt als anzuerkennen, dass Sie es gar nicht nötig haben, einen auf jugendlich zu machen – denn Sie sind es noch.

☞ **Mieten Sie einen Bungee-Sprungturm.** Wer einen guten Platz in Büfettnähe haben will, muss springen. Machen Sie es vor. Wenn Ihnen der Mumm fehlt, lassen Sie sich von einem befreundeten Arzt ein Attest darüber ausstellen, dass Sie sich beim letzten Sprung den Halswirbel verrenkt haben und dieses Jahr nicht mehr antreten dürfen.

☞ **Die Musikauswahl sollte einen Kontrast darstellen** und ausschließlich aus Klassik bestehen. Damit beweisen Sie Klasse, Stil und Welterfahrenheit. Achten Sie nur darauf, nicht versehentlich die Schlümpfe-Version der bekanntesten Klassik-Titel zu kaufen.

☞ **Legen Sie sich ein neues Auto zu.** Aber nicht etwa einen protzigen Sportwagen. Da können Sie sich auch gleich »Ich bin in der Midlife-Crisis« auf die Stirn tätowieren. Wenn Sie Nachwuchs haben, den Sie dauernd rumkutschieren müssen, ist das eine großartige Ausrede, ein neues Transportmonster zu erwerben, mit dem Sie wenigstens vor Kindergarten oder Schule etwas Eindruck schinden können. Ohne Kinder kaufen Sie einfach ein schnittiges Hybridfahrzeug, das sonst keiner hat.

Auf eines müssen Sie sich bei einem 40. Geburtstag einstellen: Es wird ungefähr so viele Kinder geben wie Kunden an der Wursttheke, wenn Mett-Aktionstag ist. Einige Ihrer Freunde haben vor etwa 10 Jahren ihren Nachwuchs bekommen, bei anderen hat der Klapperstorch gerade erst etwas vorbeigebracht – auf alle Fälle herrscht ein Tohuwabohu, das Sie nur kontrolliert bekommen, wenn Sie folgende Punkte in die Planung miteinbeziehen:

☞ Mieten Sie einen Plastikpool mit 10.000 Litern Fassungsvermögen. Füllen Sie ihn mit Plastikbällen und werfen Sie alle Kinder hinein. Achten Sie beim Entleeren darauf, dass Sie nicht versehentlich ein paar Kinder mitentsorgen.

☞ Organisieren Sie einen eigenen Raum mit Bergen von Süßigkeiten und Cola. Das hat den Nachteil, dass die Kinder noch mehr aufdrehen als sonst, aber erstens können Sie die Tür schließen und zweitens sind es nicht Ihre.

☞ Für die Kleinsten sollten Sie ebenfalls etwas vorbereiten. Kleiden Sie einen Kleintransporter innen mit Schaumstoff aus. Sprayen Sie »Mobiles Pekip« an die Seiten. Vergessen Sie die Luftlöcher nicht.

Rechnen Sie außerdem damit, dass sich ab dem 40. Geburtstag zu fortgeschrittener Stunde auch fortgeschrittene Nostalgie einstellt. Das ist der erste Schritt zur Grundeinstellung, dass früher alles besser war. Sehen Sie Ihren 40. als Trainingscamp für den 50. Geburtstag. Denn der wird mit Sicherheit noch schlimmer werden.

Zu alt für Vernunft!
Der 50. Geburtstag

Das halbe Jahrhundert ist ein besonderer Spagat. Sie müssen sich eingestehen, dass die Jugend nun unwiederbringlich verloren ist – mit definitiver Sicherheit ist mehr als die Hälfte der Lebenszeit nun rum. Im idealen Fall. Gleichzeitig sind Sie noch nicht alt genug, um als Gandalf oder Golden Girl durchzugehen.

Viele machen in dieser Lebenssituation den Fehler, mit aller Gewalt ein letztes Hurra durchzuziehen. Sie schaffen sich noch schnell eine junge Liebhaberin oder einen jungen Liebhaber an, reichen die Scheidung ein, schmeißen die letzten Kinder aus dem Haus und lassen sich ein Tattoo an einer Stelle stechen, die man gut sehen kann (oder im Intimbereich, wobei sie dann gleichzeitig – sonst wäre es ja zwecklos – allen Leuten davon erzählen, die sich daraufhin wünschen, es niemals mit eigenen Augen erblicken zu müssen). Bei der Begrüßungsrede kommt es zu einem weinerlichen Zusammenbruch der Jubilantin/des Jubilanten. Viele realisieren erst in dem Augenblick, in dem sie von der ganzen Meute angestarrt werden, dass sie tatsächlich *ein halbes Jahrhundert* auf dem Buckel haben.

Urmenschen wurden gar nicht so alt. Vor einigen hundert Jahren war das ein Alter, in dem Pest und Lepra nur noch ausgewählte Gliedmaßen verschont hatten. *Ein halbes Jahrhundert!* Da sagt die innere Stimme plötzlich: Was mache ich hier eigentlich? Das ist doch kein Grund zum Feiern! Ich sollte mein Testament überarbeiten! Oder mir einen Sarg aussuchen!

Einige machen aus ihrem 50. Geburtstag ein Hippie-Revival. Sollte ein DJ altersgerecht mitdenken, werden zeitnah Lieder über Blumen im Haar in San Francisco ertönen und der durchschnittliche Geburtstag verkommt zu einer Ü50-Party, bei der die NOCH Älteren anfangen, sich zu beklagen, dass diese Art Musik damals schon alles versaut hat, während die Jüngeren dringend andere Termine finden. Außerdem führt der 50. Geburtstag auch zu ersten großfamiliären Statusberichten, wer überhaupt noch lebt, welche Krankheiten jemand hat oder wer wegen schlechter Führung doch nicht entlassen wurde. Das wäre an sich nicht neu, aber wenn es *Ihr* Fünfzigster ist, geht es nun um *Ihre* Generation.

Daher wissen Sie, wie Sie Ihren Geburtstag gestalten. Nämlich genau wie eben beschrieben *nicht*. Die Zeit ist rum, die Verwandtschaft von Ihrer Jugendlichkeit zu überzeugen, und die Verwandtschaft hat es inzwischen auch aufgegeben, Ihnen noch etwas einreden zu wollen. Allerdings sind Sie noch nicht alt genug, um Ihr Lebenswerk auf die Probe stellen zu lassen.

Ihre Emotionen sollten Sie also bei der Begrüßungsrede im Griff haben. Und Sie müssen an zwei Fronten achtsam sein. Einige Leute werden nicht müde werden zu betonen, wie jung Sie noch wirken und dass 50 doch kein Alter ist. Andere werden Ihnen das Gefühl geben wollen, ein Methusalem zu sein und die ganze Zeit vom »halben Jahrhundert« reden. Als wären Sie ein Weltkriegsveteran – dabei würde man Sie bei Jauch höchstens als »Zeitzeuge der Schröder-Regierung« untertiteln. Der 50. Geburtstag ist derjenige, bei dem Sie anders denken sollten als alle anderen. Lassen Sie sich in keine Ecke drücken, sondern machen Sie allen klar, dass Sie weder für Nostalgie noch für Blasenschwäche Zeit haben.

Im schnellen Vorlauf!
Der 60. bis 75. Geburtstag

Diese Geburtstage sind alle stinklangweilig. Da passieren keine interessanten Dinge mehr, es wird am laufenden Band und mit großer Begeisterung Kassensturz gemacht, wer welche Krankheiten hat und wer wider Erwarten überhaupt noch lebt. Diese Anlässe können Sie getrost ignorieren, aber wenn Ihre Familie darauf besteht, lassen Sie sie halt ein Fest abhalten. Sie müssen ja auch nur hin (und nicht unbedingt nüchtern). Spätestens um 21 Uhr weiß eh kein Gast mehr, wer da überhaupt gerade feiert oder ob es der 62. oder 74. Geburtstag ist. Nur beim 75. wird wieder großes Hallo veranstaltet, weil die Gäste abermals ganz heiß darauf sind, in Jahrhunderten zu rechnen (in diesem Fall eben das Dreivierteljahrhundert), was Ihr Rheuma auch nicht besser macht.

In diesem Zeitraum versucht auch niemand mehr, Ihnen zu erklären, was Sie aus Ihrem Leben machen sollen.

Entweder sind Sie schnurstracks auf dem Weg in die Rente oder schon mittendrin. Nein, es wird zusehends Ihre Lebensleistung bewertet und frisch abgewogen. Und wie da das Urteil ausfällt, können Sie nicht mehr beeinflussen. Diese Jahre können Sie mit zähneknirschender Gelassenheit hinter sich bringen, die diejenigen, die Sie nicht gut kennen, als Altersmilde fehlinterpretieren werden. Aber Sie sollten die Zeit auch nutzen, um Ihren 80. Geburtstag zu planen. Denn da beginnt die Zeit der Abrechnung und der Nachlassverwaltung – und beides sollten Sie auf keinen Fall Ihren Nachkommen überlassen.

Nägel mit Köpfen!
Der 80. Geburtstag

Nun können Sie nicht ausschließen, dass dies der letzte runde Geburtstag ist, bei dem Sie noch so viel Kraft und Geistesgegenwart haben, dass Sie der Familie den Marsch blasen können.

Also sollten Sie die Gelegenheit beim Schopfe packen und reinen Tisch machen. Den Rest können Sie ja in Ihrem Testament regeln. Laden Sie genug Leute ein, die älter sind als Sie. Stellen Sie sicher, dass diese auch tatsächlich rangekarrt werden, notfalls gegen ihren Willen. Sie möchten schließlich nicht die älteste Person an diesem Abend sein.

Auf die Einladung lassen Sie schreiben, dass alles um 16 Uhr losgeht, das Büfett kündigen Sie für 18 Uhr an. Damit können Sie sicher sein, dass abends alle da sind für das, was Sie vorhaben. Instruieren Sie das Küchenpersonal, dass das Büfett erst um 20 Uhr eröffnet wird, aber das darf nicht vorher durchsickern. Wählen Sie also nur vertrauenswürdige Gehilfen aus.

Wenn Sie um 18 Uhr vor die versammelte Mannschaft treten (oder gerollt werden), geht das Publikum davon aus, dass nur noch ein paar warme Worte von Ihnen kommen, bevor die Tröge geöffnet werden und man sich beim Schnitzel darüber austauschen kann, wie man die Nachlassbeute aufteilen wird, wenn Sie endlich zu den Ahnen abreiten.

Nein. So einfach kommt niemand an diesem denkwürdigen Abend davon.

Zunächst erklären Sie, dass Ihnen wahrscheinlich nicht mehr viel Zeit auf Erden bleibt. Das wird geheuchelte »Ach was!«-Rufe bewirken. Lassen Sie sich nicht aus dem Konzept bringen. Heute geht es für Sie um die Wurst und Sie sollten Ihren (hoffentlich) noch vergleichsweise guten Gesundheitszustand zu einer Generalabrechnung nutzen. Haben Sie schon bei früheren – auch unrunden – Geburtstagen das Gefühl, dass es dafür an der Zeit ist, können Sie es auch schon dort hinter sich bringen. Sie sollten in jedem Fall auf Nummer sicher gehen und all Ihre Punkte in Form einer Liste bereithalten. Lassen Sie sich vorher nötigenfalls von einer vertrauenswürdigen Person helfen (also jemandem, die oder der nicht mit Ihnen verwandt ist und auch sonst von Ihnen nichts will).

Folgende Punkte, die Ihnen seit Jahrzehnten auf dem Herzen (oder der Leber) liegen, können Sie sich nun endlich von der Seele reden:

1. Veröffentlichen Sie die Top Ten Ihrer Verwandtschaft, wobei Sie von 10 auf 1 runterzählen. Begründen Sie

die Platzierung ausführlich und erläutern Sie, welche Faktoren in Ihre Bewertung reingespielt haben: Wer Sie im Laufe der Jahre am wenigsten zugetextet hat, konnte Pluspunkte sammeln. Ist jemand hinter Ihrem Rücken über Sie hergezogen, kassiert er natürlich Minuspunkte. Analysieren Sie dabei auch die Performance des jeweiligen Familienmitglieds auf früheren Familienfeiern. Wer versucht hat, Sie abzufüllen, obwohl Sie das nicht wollten, bekommt drastische Abzüge in der B-Note. Ebenso wie jemand, die oder der Sie nicht mit flüssigem Nachschub versorgt hat, obwohl das dringend nötig war.

2. Wenn Sie die Rangfolge abgeschlossen haben, erklären Sie, dass diese auch die Basis für die Verteilung eines großen Teils Ihres Erbes sein wird. Das wird die Verwandtschaft natürlich schocken, und das ist gut so.

3. Unter dem Programmpunkt »Diverses« können Sie all denjenigen die Leviten lesen, die es nicht mal in die Top Ten geschafft haben, weil sie Ihnen besonders dumm gekommen sind (die jeweiligen Episoden zu den einzelnen Verfehlungen können Sie gerne ausführen).

4. Verkünden Sie, dass die Top Ten auch in dieser Reihenfolge ans Büfett dürfen. Alle anderen später. Wobei der Platz als Anführer der Nahrungskette natürlich Ihnen gebührt.

An Ihrem 90. Geburtstag sagen Sie als Einleitung: »Ich möchte euch auf den neuesten Stand bringen« und wiederholen die gesamte Prozedur. Erläutern Sie, warum einige Familienmitglieder aufgestiegen und andere abgerutscht sind. Stellen Sie außerdem ein Ultimatum auf, in dem Sie erklären, dass die Verwandtschaft nur noch bis zu Ihrem 100. Geburtstag die Chance hat, die Rangliste zu ändern. Danach wird die Wertung eingestellt. Verweigern Sie Auskunft zu Nachfragen zum Prozedere und verweisen Sie auf Ihre Feier zum 100. Geburtstag, auf der Sie die weitere Vorgehensweise verkünden werden.

Letzte Bestellung!
Der 100. Geburtstag

Sollten Sie wider Erwarten den 100. Geburtstag nicht erleben, können Sie sich immerhin an dem Gedanken erfreuen, dass Sie der ganzen Bande was zum Denken gegeben haben. Sie werden sich bei Ihrer Beerdigung die Köpfe zerbrechen, wie die Rangliste wohl inzwischen aussieht – oder was sich noch geändert hätte, wenn Sie den 100. Geburtstag erlebt hätten.

Wenn Sie sich einer brauchbaren Basisgesundheit erfreuen, noch genug Widerworte geben können und die Pfleger ausreichend bestochen wurden, die Ihnen diese Anstrengung eigentlich nicht zumuten wollen, können Sie Ihren 100. Geburtstag als krönenden Höhepunkt der Abrechnung inszenieren.

Sparen Sie nicht an Konfetti und einer Lightshow. Engagieren Sie einen aus dem Hörfunk bekannten Moderator, der alles in Ihrem Namen verliest und inszeniert. Machen Sie aus dem Geburtstag eine Gameshow. Zunächst werden die aktuellen Top Ten Ihrer Verwandtschaft verlesen, dann müssen sie in einem unfairen Ratespiel gegeneinander antreten, das Sie »Keiner wird Millionär« oder »Germany's Next Enterbter« nennen können. Sie haben für den Moderator einen Stapel Fragen vorbereitet, die sich um Ihre gesamte Lebensgeschichte drehen. Wer die richtigen Antworten weiß, bekommt Punkte, und wer Punkte sammelt, steigt in der Rangliste auf. Aber neben objektiv messbaren Faktoren sollten Sie jederzeit das Recht haben, nach Belieben jemanden auf- oder abzustufen. Orientieren Sie sich an den Cäsaren, nur ohne Löwen (Sie können höchstens symbolisch ein Kätzchen auf einen Verwandten werfen, der eine Frage falsch beantwortet). So stellen Sie sicher, dass nicht plötzlich jemand auf dem ersten Platz landet, die oder den Sie dort definitiv nicht sehen wollen.

Nach der Gameshow dürfen Sie gern die Rangliste öffentlich machen und eine Siegerehrung durchführen, wenn Ihnen danach ist. Wenn nicht, lassen Sie es eben bleiben und heucheln Sie Erschöpfung vor – niemand wird es Ihnen verdenken.

Sind Sie zu alt und tattrig, um Ihren 100. Geburtstag nach Ihrem Bilde wie beschrieben zu formen, verwenden Sie einfach rechtzeitig den nachfolgenden Vordruck und lassen Sie ihn von einem befreundeten Anwalt beglaubigen, der sich unter Androhung richterlicher Konsequenzen um die Durchsetzung kümmern wird. Wenn Sie mit Anwälten nicht befreundet sein wollen, bezahlen Sie diese eben.

MEIN 100. GEBURTSTAG

Die folgenden Regelungen stelle ich im Vollbesitz meiner geistigen Kräfte und ggf. unter dem Einfluss meiner üblichen Medikamentendosis und/oder einer angemessenen Menge Alkohol auf. Sie sind unbedingt zu beachten und können nur in einem Fall als hinfällig betrachtet werden, nämlich wenn meine eigene Beerdigung dem 100. Geburtstag zuvorkommt. Mein Bedauern darüber würde sich relativ in Grenzen halten, denn ich habe weiß Gott genug Familienfeiern erlebt. In diesem Fall tritt allerdings nicht dieses Dokument hier in Kraft, sondern das, welches ich für den Fall meines Ablebens gemacht habe – mein Testament.

Wenn ich noch lebe, aber nicht in der Lage bin, beim 100. Geburtstag dabei zu sein, dürft ihr trotzdem auf meine Kosten feiern. Ist mir inzwischen reichlich egal, ob die Kohle von irgendwem geerbt oder versoffen wird. Nein, es ist mir sogar lieber, wenn sie versoffen wird, weil ich dann sicher sein kann, dass sie nicht an der Börse in dubiose Energieunternehmen gestopft wird.

Mein Anwalt wird aber (ggf. mit Unterstützung seiner Kollegen) sicherstellen, dass folgende Regeln eingehalten werden:

☞ Nur weil ich nicht da bin, heißt das nicht, dass an Geschenken gespart werden kann. Jeder Gast hat etwas mitzubringen. Selbstgemaltes ist nur für Gäste mit einstelligem Lebensalter zulässig.

☞ Die Geschenke werden noch am gleichen Abend zur Begutachtung zu mir gebracht. Es sei denn, ich halte ein Nickerchen. Dann stellt sie im Flur ab.

☞ Die Gespräche an den Tischen werden von Mikrofonen aufgezeichnet und ich werde sie später auf eventuelle Gemeinheiten abhören. Sprecht bitte langsam und deutlich und sagt regelmäßig euren Namen, damit ich die Stimmen (und eventuelle Konsequenzen) richtig zuordnen kann.

☞ Die Mindestaufenthaltszeit auf meinem Geburtstag beträgt vier Stunden. Wer früher gehen will, muss ein ärztliches Attest vorlegen.

Ort, Datum   Ihre Unterschrift

Anwaltsstempel   Unterschrift

Öffentliche Treueschwüre verschiedener Schweregrade

Was gibt es Schöneres, als wenn zwei Menschen sich für ein gemeinsames Leben entscheiden? Wenig.

Schlimm wird es nur, wenn das ganze Schreckenskabinett der Vermählungsklischees aufgefahren und allen Beteiligten schon bei der Hochzeit klar ist, dass die Ehe schneller beendet werden wird als die Anwesenheit des 1. FC Nürnberg in der ersten Bundesliga. Und die Hochzeit ist vielleicht der zentrale Punkt einer Beziehung eines Familienmitglieds, aber nicht der einzige – es kommt noch das Brimborium von Verlobung und Junggesellenabschied dazu (vorher), und dann stehen Silber-, Gold- und sonstige Metallhochzeit oder Scheidung an (nachher). Einige Leute erheben Heiraten zu ihrem Hobby und machen es so oft wie möglich, wobei in jedem Anlauf die Zeremonie etwas aufwändiger wird. Und für Sie als Gast wird es immer schwieriger, dem Ehepaar die besten Wünsche mitzugeben.

Bullshit-Bingo Hochzeit

Sperren Sie die Ohren auf. Wenn Sie einen solchen Satz hören, markieren Sie ihn. Haben Sie fünf in einer Reihe, rufen Sie »BINGO!« und holen Sie Getränke.

Das sind aber tolle Ringe!	Die wollten bei der Hochzeit offensichtlich sparen.	Gab es keine Kutsche?	Seine Familie ist irgendwie seltsam.	Das soll ein Schloss sein?
Die beiden passen super zusammen.	Er ist ja ganz in Ordnung, aber sie …	Sie hätte eine bessere Partie haben können.	Ihre/seine letzte Hochzeit war lustiger.	Hoffentlich bekommen sie keine Kinder.
Das Brautkleid ist ja die Wucht.	Was arbeiten die beiden eigentlich?	Schade, dass sie jetzt wegziehen.	Die beiden passen eigentlich gar nicht zusammen.	Hach, was für ein schönes Paar …
Die Blumenmädchen sind sooo süß!	Ihre/seine Eltern sehen nicht ganz so glücklich aus.	Den Walzer haben sie aber nicht geübt.	Das Brautkleid gab's wohl beim Discounter.	Ihre Familie ist irgendwie komisch.
Sie ist ja ganz in Ordnung, aber er …	Nicht dieses Hochzeitsspiel schon wieder …	Hoffentlich bekommen sie bald Kinder.	Er kann froh sein, dass sie sich mit ihm einlässt.	Hoffentlich setzen die nicht noch mehr Nachwuchs in die Welt.

Verlobung und Verhinderung

Eine Verlobungsfeier hat zwei Vorteile. Sie findet nur im engsten Familienkreis statt, was bedeutet, dass Sie entweder gar nicht eingeladen werden oder so eng mit einer der betroffenen Personen befreundet sind, dass Sie sogar gern mitfeiern. Der andere Vorteil ist, dass die Verlobung normalerweise einige Zeit vor der Hochzeit verkündet und gefeiert wird, weswegen Sie genug Luft haben, die Beziehung zu torpedieren, wenn Sie das für nötig erachten, z. B. weil Sie besser als das hormongesteuerte Paar wissen, dass die beiden überhaupt nicht zusammenpassen.

Allgemein ist eine Verlobungsfeier oft so spontan und improvisiert wie die Verlobung selbst. Gehen Sie ruhig mit einem guten Gefühl dorthin, wenn Sie auch ein gutes Gefühl bei dem Paar haben. Aber ...

Wenn Sie nur eine Hälfte des Paars gut kennen und sichergehen wollen, dass die beiden wirklich zusammenpassen ...

... dann gibt es keinen besseren Termin als die Verlobungsfeier, denn:

- Es ist ein zwangloses Beisammensein.
- Die Gruppe ist überschaubar.
- Es sind nur die engsten Freunde von beiden Seiten anwesend.

Für Sie bedeutet es, dass Sie die einzelnen Gäste optimal beiseitenehmen und unauffällig aushorchen können. Gibt es vielleicht Zweifel, ob diese Beziehung wirklich so gut ist? Wird das funktionieren? Vielleicht sind sich ja alle einig, dass es positive Ausblicke gibt.

Aber nehmen Sie nicht alle Auskünfte von der Seite, die Sie nicht kennen, einfach so hin. Machen Sie sich unauffällig Notizen (wie haben sich die beiden nach Auskunft der anderen kennengelernt, wie ist der Eindruck von außen auf die Beziehung, wie lange wird die Ehe schätzungsweise halten) und verifizieren oder falsifizieren Sie diese Daten mit dem angehenden Brautpaar. Mit der Person, die Sie schon länger kennen, dürfte das kein Problem sein. Bei der anderen sollten Sie das Gespräch eröffnen mit: »Wir hatten ja noch gar keine Chance, uns so richtig kennenzulernen!«. Zerren Sie dann die Person außer Hörweite der anderen (»Damit wir ungestört sind«). Beginnen Sie ein Kreuzverhör, das nach keinem aussieht. Finden Sie auch heraus, wie die Liebenden sich gegenseitig wahrnehmen (»Was magst du an dem anderen besonders?«/»Wie viele Kinder wollt ihr haben?«/»Lieber in die Stadt – oder aufs Land?«/»Erdnussbutter – ja oder nein?«).

Eventuell kommen Sie danach zu dem Schluss, dass die Wahrnehmungen des Brautpaars sich deutlich unterscheiden.

Nun können Sie nicht am Tag der Verlobung und eigenhändig den Schnitt vollziehen. Vielmehr sollten Sie schon mal den Samen säen, der zur baldigen Trennung und damit zur Verhinderung einer teuren und durch die folgende Scheidung peinlichen Hochzeit führt:

☞ Streuen Sie auf beiden Seiten das Gerücht, die/der andere wolle ja gar nicht heiraten und mache es aus reiner Gefälligkeit.

☞ Wenn Sie Diskrepanzen in der geplanten Zukunft sehen, sprechen Sie diese unauffällig bei den Freunden an.

Wenn Sie es geschickt anstellen, wird die Verlobung in spätestens vier Wochen aufgelöst.

Junggesellenabschied – Abschied von der Zivilisation

Wenn es eine Art von Feier gibt, die Sie unbedingt vermeiden sollten, dann diese.

Und dabei ist es nur indirekt eine Familienfeier.

Seien wir ehrlich, es gibt nur eine Möglichkeit, einen Junggesellenabschied zu feiern, der der Menschenwürde angemessen ist: Man feiert ihn gar nicht.

Aber wenn ein enger Verwandter oder eine gute Freundin/ein guter Freund heiratet und unbedingt möchte, dass Sie dabei sind, haben Sie keine Wahl. Vielleicht möchte der Freundeskreis sogar SIE dazu bestimmen, alles zu organisieren.

Davon sollten Sie auf alle Fälle Abstand nehmen. Eine Teilnahme ist schon schlimm genug. Sie möchten nicht nachts volltrunken in der nächsten Polizeidienststelle landen, eine Vermisstenmeldung (oder mehrere) aufgeben müssen und dann die Frage, ob Sie derjenige sind, der das Ganze so schlecht organisiert hat, mit »Ja« beantworten müssen. Also: Ziehen Sie sich da raus. Selbst wenn Sie damit gelockt werden, dass dieser Junggesellenabschied ganz zwanglos ist und nur ein Tisch in einer Kneipe reserviert und ein paar lustige Hüte gekauft werden müssen – Sie haben keine Zeit. Überhaupt nicht. Aus beruflichen Gründen. Leider, leider.

Um einen Junggesellenabschied mit ein wenig Würde und Anstand hinter sich zu bringen, sind folgende Schritte angeraten. Sie gelten übrigens genauso für Junggesellinnenabschiede – das Zusammentreffen einer ausgelassenen

Horde von Leuten eines Geschlechts kann nur in Peinlichkeiten enden. All dies gilt also für die Horden junger Männer genauso wie für die Horden junger Frauen, die jeden Samstag unsere Innenstädte unsicher machen.

🐮 Es wird irgendeine lustige Verkleidung geben. Nutzen Sie diese, um sich zu anonymisieren, soweit es das Vermummungsverbot zulässt.

🐮 Trinken Sie höchstens die Hälfte der Menge der anderen Teilnehmer. Führen Sie immer einen extragroßen Flachmann mit sich – gefüllt mit Mineralwasser. Trinken Sie daraus, ohne dass die anderen es bemerken. Verdünnen Sie den eingenommenen Alkohol mit dem Mineralwasser und füllen Sie den Flachmann zu jeder sich bietenden Gelegenheit auf.

🐮 Wenn Sie durch die Straßen ziehen, halten Sie sich mitten in der Gruppe auf. Hier sind Sie am unauffälligsten. Schauen Sie so oft wie möglich auf die Straße vor sich, damit Passanten Sie nicht erkennen.

Die Abfolge eines Junggesellenabschieds sieht prototypisch so aus:

1. Alle Gäste treffen ein. Niemand kommt nüchtern an. Niemand weiß, was eigentlich organisiert wurde und wer dafür zuständig war.
2. Damit sich alle einig sind, wie der Abend verlaufen soll, wird etwas getrunken.
3. Man verkleidet sich.

4. Es wird eine Runde getrunken, um sich für den Weg zu stärken.

5. Die Gruppe zieht los zu einem Ziel, das fußläufig erreichbar ist, oder zum nächsten Bahnhof.

6. Unterwegs wird etwas getrunken. Passanten werden zum Mitfeiern aufgefordert. Man verläuft sich, fragt nach dem Weg.

7. Das Ziel wird erreicht. Zur Feier wird etwas getrunken.

8. Es gibt Essen. Und Sekt.

9. Lustige Spiele werden durchgeführt. Sie entstammen dem Buch »666 Dinge, die man nicht mit Sexspielzeug tun sollte«.

10. Die erste Person verschwindet. Sie wird hinter dem Gebäude bewusstlos aufgefunden und zurück zur Feierlichkeit geschleppt.

11. Zur Stärkung gibt es ein Getränk.

12. Die zweite Person verschwindet. Sie ist nicht hinter dem Haus. Mit einem Balance-Spiel wird herausgefunden, wer am nüchternsten ist und die Polizei anrufen kann (Sie täuschen Tiefschlaf vor, um nicht teilnehmen zu müssen).

13. Die herbeigerufene Polizei wird zum Trinken eingeladen. Sie lehnt ab.

14. Die verschwundene Person taucht unvermittelt wieder auf. Allgemeines Hallo. Der Wein wird entkorkt. Die Polizei zieht ab, verspricht aber, sich bald schriftlich zu melden. Den Polizisten wird hinterhergegrölt.

15. Die Sonne geht auf. Sie wird mit exotischen Cocktails begrüßt, die aus Biermischgetränken und Resten einer Sahnetorte improvisiert werden.

16. Entweder feiert die Gesellschaft schon die ganze Zeit an dem Ort, an dem auch genächtigt wird. In diesem Fall verteilt sie sich auf die Zimmer (oder auf den Boden). Ansonsten werden Taxis gerufen, die die Gesellschaft zur Schlafstätte bringen.
17. Schlummertrunk.
18. Koma.
19. Aufwachen.
20. GPS auf dem Handy aktivieren, um rauszufinden, wo man ist.
21. Reste wegtrinken.
22. Verschwundene Leute suchen (ggf. wieder Polizei rufen).
23. Nach Hause gehen/Taxi rufen.
24. Duschen.
25. Weiteres Koma.
26. Letzte Hochzeitsvorbereitungen beginnen.

Damit dieses starre Muster etwas aufgebrochen wird, gibt es eine Vielzahl von Dingen, mit denen man einen Junggesellenabschied auflockern kann:

🍸 Stripperin/Stripper. Traditionell das beliebteste Motiv. Gemeinsam mit der Stripperin/dem Stripper werden mit verteilten Rollen die spannendsten Stellen aus »Der Zauberberg« gelesen.

🍸 Öffentliches Zum-Affen-Machen. Betrifft in der Regel die Person, die kurz vor der Hochzeit steht. Sie wird mit Mutproben belegt, die sonst in abgeschwächter

Form nur auf einem Kindergeburtstag passieren: auf Bäume oder Gebäude klettern, Weitspucken (auf Leute), Klingelstreiche (bei Polizeistationen).

🍸 Verkleidungen. Traditionell muss eine Braut ihren Junggesellinnenabschied in einem Hochzeitskleid feiern, und der Bräutigam wird gern in eine Babyverkleidung gesteckt. Es geht aber auch origineller: Verkleiden Sie sich als Höhlenmenschen (auch wenn viele Außenstehende das dann nicht mehr als Verkleidung erkennen), als Hipster (außer in Berlin), als Gorillas (außer in Saarbrücken) oder als Aufsichtsratsvorsitzende (außer in Frankfurt).

Hochzeit – bis dass der Chaot euch scheidet

Wie eine Hochzeit für Sie als Gast wird, hängt von vielen großen und kleinen Faktoren ab, und wenn's nicht gerade Ihre eigene ist, wird Ihr Einfluss gering ausfallen. Auch wenn Sie Gast sind, stellt eine Hochzeit höchste Ansprüche an Ihr Nervenkostüm, kann aber auch ein Quell großer Freude sein – wenn es Ihnen gelingt, der Feier ein wenig Pepp zu verleihen. Insgesamt müssen Sie sich im Klaren sein, dass eine Hochzeit nicht nebenbei absolviert werden kann, selbst wenn Sie nur ein entfernter Verwandter der einen Hälfte des Brautpaares sind. Hochzeiten sind mindestens Ganztagsveranstaltungen, manchmal ganze Wochenendevents. Legen Sie also genug Zeit beiseite.

Es soll unbedingt
eine Märchenhochzeit werden

Dies ist allzu oft der Fall. Hier zeigt sich natürlich gerade bei Mädchen, die konservativ (oder aristokratisch) erzogen wurden, der schlechte Einfluss klassischer Märchen, die das Prinzessinnenideal propagieren. Es ist zu hoffen, dass dieser Zustand in Zukunft durch den positiven Einfluss von Ballerspielen egalisiert wird.

Die Braut hat die Hochzeit drei Jahre lang geplant. In dieser Zeit hat sie alle Bücher und Zeitschriften gelesen, die es zum Thema gibt. Sie ist auf dem neuesten Stand der Hochzeitstrends und hat nicht nur einen Hochzeitsplaner engagiert, sondern auch einen Hochzeitscontroller, der den Hochzeitsplaner überwacht.

Hier wird von den Gästen – und damit auch von Ihnen – soldatischer Gehorsam erwartet. Es geht nicht darum, dass irgendjemand Spaß hat, sondern dass das Protokoll eingehalten wird. Alles ist bis ins letzte Detail geplant: Die Tischdeko ist auf die Augenfarbe der Braut abgestimmt, die Zeitabläufe werden im Minutenrhythmus getaktet, die Choreografie ist perfekt einstudiert. Wagen Sie es nicht, von ihr abzuweichen.

Und stellen Sie sich am besten schon im Vorfeld darauf ein, dass Sie mit militärischem Drill durch sämtliche Punkte der Feier geschleust werden. Sie werden von allen Seiten gecoacht, es wird an Ihnen rumgezerrt. Hüten Sie sich, aus dem Ablauf auszubrechen oder eigenmächtig etwas verändern zu wollen. Fehler werden nicht toleriert.

Das Brautpaar lebt in der ständigen Angst vor dem einen Faktor, den es nicht kontrollieren kann: dem Wetter. Was, wenn es regnet, obwohl der Termin extra auf das Wochenende im Sommer gelegt wurde, das seit Beginn der Wetteraufzeichnung statistisch gesehen am sonnigsten gewesen ist? Muss etwas, das für draußen geplant ist, nach innen verlegt werden? Was soll aus den Fotos werden?

Wenn Sie dem Brautpaar den Gefallen tun wollen, spielen Sie halt mit. Helfen Sie, dass jedes Hochzeitsklischee erfüllt wird, grinsen und applaudieren Sie, wo immer es nötig ist.

Und wenn Sie darauf keine Lust haben oder mit Märchenhochzeiten nicht ganz so viel anfangen können, halten Sie Sprüche griffbereit wie:

- »Wie, Auto? Gab's keine Kutschen?«
- »Na ja. Ganz nett. Aber ein Schloss wäre schöner gewesen.«
- »DAS ist die letzte Brautmode? Wusste gar nicht, dass sie im Moment das Lampendesign der 60er Jahre wieder hochholen.«
- »Die Liveband hat aber bisher keine Fernsehauftritte gehabt, oder?«
- »Am Strand/auf einem Berggipfel/bei Sonnenuntergang/ohne Regen wäre die Zeremonie etwas schöner gewesen.«
- »Nur fünf Gänge? Okay, ich schätze, ein Fastfood-Restaurant ist in der Nähe.«
- »Die Ringe sehen schön schlicht aus. Ist ja in.«
- »Für Disco-Fox war euer Tanz super. Was? Welcher Walzer?«

Wenn man Ihnen vorwirft, dass Sie gemein (oder neidisch) sind, halten Sie einen Monolog über Platos Höhlengleichnis und verweisen darauf, dass es immer Leute geben muss, die die Dinge sagen, wie sie sind. Verlangen Sie danach, dass man Ihnen nachschenkt.

Die Familien des Brautpaares sind bis aufs Blut verfeindet und eigentlich gegen die Ehe

Im Vorfeld lässt sich viel bereinigen. Das verhindert zumindest, dass die beiden Seiten der Hochzeit mit Waffen anreisen und eine Prügelei zu etwas eskaliert, das am Abend in Form von wackligen Handyaufnahmen in den Tagesthemen gezeigt wird.

Am wahrscheinlichsten ist, dass sich unter diesen Umständen zwei verfeindete Lager gegenübersitzen, die sich misstrauisch beäugen. Beide Seiten waren bis zu diesem speziellen Tag sicher, dass es sowieso niemals zur Hochzeit kommt und dass ein Teil des Brautpaars früher oder später einsieht, dass diese Verbindung keine Zukunft hat.

Warum die beiden Familien gegen die Beziehung sind, weiß längst niemand mehr. Entweder es handelt sich um eine Art Erbfeindschaft, die auf den Streit um eine Kuhwiese im 16. Jahrhundert zurückgeht, oder die beiden Familien lehnen sich instinktiv ab.

Lassen Sie sich nicht von dieser Atmosphäre des Misstrauens anstecken, sondern tun Sie etwas dagegen. Wenn erst kirchlich getraut wird, können Sie da nichts verbessern, aber wenn es danach zum Mittagessen mit anschließendem Kaffeetrinken geht, haben Sie die Chance.

Machen Sie die Bottiche ausfindig, in denen der Kaffee

für die ganze Gesellschaft gekocht wird. Schütten Sie mehrere Flaschen Cognac in diese Behältnisse. Prüfen Sie mit Kennergaumen den Geschmack. Verfahren Sie genauso mit dem entkoffeinierten Kaffee (hier dürfen Sie ruhig etwas mehr einschenken).

Nach dem Kaffeetrinken wird der größte Teil der Gesellschaft sowieso zum offenen Alkoholkonsum übergehen, aber Sie haben den Stein ins Rollen gebracht. Setzen Sie sich dazu und beobachten Sie in freier Wildbahn der Hochzeit das Schauspiel, mit dem sich vermutlich schon die Sippen unserer Vorfahren nach dem Genuss von gärenden Früchten angenähert haben:

1. Zunächst sind die Gruppen auch räumlich voneinander getrennt. In der einen Hälfte des Festsaals sitzt die Familie der Braut, in der anderen die des Bräutigams. Beide beäugen sich misstrauisch und sind überzeugt, dass die jeweils anderen doof sind, kein Stilbewusstsein haben und überhaupt zum Abschaum der Menschheit gehören. Der gewürzte Kaffee wird serviert.

2. Auf beiden Seiten entdeckt man Familienmitglieder der anderen Gruppe, die einigermaßen vernünftig aussehen. Mit denen könnte man vielleicht sogar mal reden. Wäre einen Versuch wert. Vielleicht später. Erst mal noch ein Kaffee. Welche Sorte ist das? Der ist lecker.

3. Einzelne Familienmitglieder haben sich schon den anderen angenähert und schließlich einen Stuhl herangezogen und dazugesetzt. Man tauscht erste Höflichkeiten aus und stellt fest: Och, die sind ja

eigentlich ganz in Ordnung. Natürlich gibt es auf beiden Seiten noch Hardliner, die nicht bereit sind, ihre sorgsam gepflegten Vorurteile einfach so über Bord zu werfen. Sie sitzen etwas abgesondert da. Und holen sich auch noch einen Kaffee.

4. Die Gruppen haben sich gemischt. Es ist nicht mehr klar zu erkennen, wer zu welcher Familie gehört. Alle finden etwas, worüber sie sich austauschen können. Inzwischen gibt es keinen mehr, der sich in irgendeiner Form absondert. Einige haben beschlossen, noch etwas Cognac in ihren Kaffee zu schütten, weil sie festgestellt haben, dass das den sowieso guten Geschmack noch ein bisschen abrundet, vor allem im Abgang.

5. Eigentlich soll der Kaffee abgeräumt und das Büfett aufgebaut werden. Beide Familien protestieren nachdrücklich und veranlassen, dass die Kaffeemaschinen in der Ecke aufgebaut werden, auch während das Büfett läuft.

6. Der Kaffee ist leer. Man geht direkt zum Verdauungsschnaps über.

7. Es werden die ersten Lieder gesungen.

8. Die Familienmitglieder liegen sich in den Armen. Es hagelt gegenseitige Einladungen zu den Geburtstagen der nächsten Zeit.

9. Man überlegt, wen man noch zwischen den beiden Familien verkuppeln könnte. Sind die infrage kommenden Kandidaten anwesend, werden Nägel mit Köpfen gemacht und die beiden vor Ort für verlobt erklärt (zur Not auch in ihrer Abwesenheit). Alle stoßen auf

diese neue Verbindung an. Es wird ein Hochzeitstermin festgelegt und gleich das Küchenteam von heute angeheuert. Ihm wird eingebläut, dass sie dann unbedingt wieder den gleichen Kaffee machen müssen.

Es heiratet Ihre Exfreundin oder Ihr Exfreund

Dass Sie eingeladen wurden bedeutet entweder, dass Sie mittlerweile gut befreundet sind und zwischen Ihnen kein böses Blut herrscht – oder dass Sie beide sich abgrundtief hassen und die Einladung nur ausgesprochen wurde, um Ihnen eins auszuwischen. Niemand rechnet damit, dass Sie die Dreistigkeit besäßen, tatsächlich bei der Hochzeit aufzuschlagen.

Ist Ersteres der Fall, gehen Sie einfach hin und freuen Sie sich über den netten Anlass.

Handelt es sich aber um Letzteres, sollten Sie eines definitiv nicht tun: am entsprechenden Termin schlecht gelaunt zu Hause rumhocken. Nein, nehmen Sie die Einladung an. Um Ihre Wirkung zu optimieren, sagen Sie Ihr Kommen gar nicht erst zu, sondern tauchen Sie einfach auf. »Ach, sorry, hatte verschwitzt, zu antworten, aber ist doch sicher kein Problem, haha.« Sie werden kaum wieder weggeschickt werden.

Putzen Sie sich richtig heraus und bringen Sie eine Begleitung mit, die Modelqualitäten besitzt (wenn Sie mit dieser schon liiert sind – prima, dann können Sie sich die Mühe sparen, so jemanden auftreiben zu müssen). Seien Sie zu allen Gästen besonders freundlich und auf subtile Weise auffällig, indem Sie zwar immer zurückhaltend und still sind, aber regelmäßig laut lachen oder alte Freunde besonders herzlich begrüßen. So stellen Sie sicher, dass alle Ihre Anwesenheit registrieren. Ziehen Sie diese Masche den gesamten Tag durch, damit sich alle noch drei Wochen nach der Hochzeit an Sie und Ihre Begleitung erinnern – aber nicht mehr wissen, wer da eigentlich geheiratet hat.

Wenn Sie noch eine Rechnung mit Ihrer ehemaligen Beziehung offen haben, möchten Sie die Hochzeit vielleicht zu einem WIRKLICH unvergesslichen Ereignis machen:

☞ Lenken Sie den Trauzeugen ab und tauschen Sie die Ringe gegen Lakritzbonbons aus, die Sie in der Mitte aushöhlen, damit sie tatsächlich getragen werden können. Beobachten Sie genüsslich, wie das Brautpaar sich fragt, ob es die Zeremonie tapfer durchziehen soll oder nicht. Wahrscheinlich werden beide so tun, als wäre alles völlig normal – und den Rest der Hochzeit nach Lakritz riechen.*

☞ Gibt es eine mehrstöckige Hochzeitstorte, schneiden Sie zwei der Zucker-Stützpfeiler an.

☞ Klemmen Sie einen Bluetooth-Empfänger an die Lautsprecheranlage. Wenn zum Hochzeitswalzer aufgespielt werden soll, lassen Sie von Ihrem Smartphone aus die Muppets-Titelmelodie in voller Lautstärke ertönen.

---

* Die echten Trauringe behalten Sie natürlich nicht. Das wäre ja gemein. Schicken Sie sie in einem Luftpolsterumschlag ohne Absender an das Brautpaar zurück (unfrei).

Es handelt sich um eine Themenhochzeit

Wenn Sie im Laufe der Zeit auf unzähligen Hochzeiten getanzt haben, werden Sie feststellen, dass eine einfache Regel gilt: Je aufwändiger dieses Fest ist, desto schneller ist die Ehe vorbei. Es sind die schlichten und im kleinen Kreis gefeierten Hochzeiten, die viele Ehejahre versprechen. Wenn enge Verwandte oder gute Freunde feiern, sollten Sie also gut auf die betreffenden Personen einreden, dass sie bescheiden auftreten.

Am schlimmsten ist es mit Themenhochzeiten.

Braut und Bräutigam haben den gleichen Beruf oder teilen ein exotisches Lieblingshobby, und es fällt ihnen nichts Besseres ein, als diese gemeinsame Schnittmenge zum Motto der gesamten Hochzeit zu erklären. Alle Gäste sind angehalten, sich entsprechend einzukleiden und sich dem jeweiligen Klischee gemäß zu verhalten.

Die Dauer solcher Ehen zählt man nicht in Jahren, sondern in Wochen.

Wenn Sie also auf eine derartige Feier eingeladen sind und es handelt sich mindestens bei einer Hälfte des Brautpaares um eine Person, die Sie nicht durch Abwesenheit enttäuschen wollen, sollten Sie mitmachen. Werfen Sie sich mit voller Hingabe in das ausgewählte Thema:

♥ **Mittelalterhochzeit:** Schmieden Sie sich eine Rüstung aus alten Autoteilen oder reißen Sie die Vorhänge runter und kleiden Sie sich als holde Maid. Reiten Sie auf Ihrem eigenen Pferd ein. Heuern Sie einen Neffen als Schildjungen oder die Nichte als Zimmermädchen an. Färben Sie Ihre Zähne schwarz und riechen Sie aus dem Mund. Essen Sie mit allen Gliedmaßen. Geben Sie sich einen Fantasienamen (»Ritter Schlonz zu Ergenheim«/»Lady Mariette de Avitesse«) und behandeln Sie alle anderen Gäste wie Gesinde.

♥ **8oer-Jahre-Hochzeit**: Das Brautpaar will aus nostalgischen Gründen die eigene Kindheit wiederaufleben lassen. Kleiden Sie sich wie Michael Jackson oder Madonna (in der »Like A Prayer«-Phase). Ersetzen Sie Ihr Smartphone durch ein Motorola MicroTAC. Bringen Sie einen Gettoblaster und einen Stapel Kassetten voller zeitgenössischem Hiphop und britischem Heavy Metal mit. Drehen Sie ihn voll auf. Tragen Sie Sonnenbrille. Die ganze Nacht.

♥ **Science-Fiction-Hochzeit**: Kleiden Sie sich in weiße Schutzanzüge aus dem Baumarkt. Färben Sie Ihren Motorradhelm ebenfalls weiß und montieren Sie die Autoantenne darauf. Ziehen Sie beides den ganzen Abend nicht ab. Ernähren Sie sich mit Strohhalmen, aber weisen Sie darauf hin, dass Sie sich vom Büfett großflächig etwas einpacken lassen wollen. (In dieser Kleidung können Sie übrigens auch an Hochzeiten teilnehmen, zu denen Sie gar nicht eingeladen sind, wenn Ihnen danach ist.)

♥ **Herr-der-Ringe-Hochzeit**: Je nach Statur suchen Sie sich das Volk von Mittelerde aus, dem Sie sich am verbundensten fühlen: Mensch, Zwerg, Elf, Ork, Drache, Nekromant. Basteln Sie sich aus Pappmaschee ein entsprechendes Kostüm und besorgen Sie sich die passenden Waffen. Üben Sie den Umgang mit diesen, damit Sie sich nicht im Laufe des Abends selbst verletzen. Reden Sie nur in der Sprache des jeweiligen Volks.

♥ **Feuerwehrhochzeit:** Wenn Sie nicht zur Feuerwehr gehören, leihen Sie sich ein Kostüm. Brezeln Sie es mit ein paar zusätzlichen Orden auf, die Sie günstig im Internet finden. Kaufen Sie eine Spritzpistole, die Sie wiederholt einsetzen, um nervige Leute zum Schweigen zu bringen. Rufen Sie dabei »SCHWELBRAND!« aus.

♥ **Beamtenhochzeit:** Beide haben sich für einen sicheren Beruf entschieden und schielen schon auf die Rente. Dummerweise haben sie keine Ahnung, wie sie ihren langweiligen Bürojob in der Hochzeit widerspiegeln sollen. Hier kommen Sie ins Spiel! Verteilen Sie heimlich auf allen Plätzen Locher und buntes Papier, damit die Gäste selbst Konfetti herstellen. Treiben Sie sie ruhig an. Lassen Sie alle vor einer geschlossenen Tür anstehen und behaupten Sie, dahinter gäbe es in zehn Minuten das Büfett. Öffnen Sie vierzig Minuten später die Tür und schicken Sie die Leute zu einer anderen Tür. Dort wiederholen Sie das Ganze fünfzig Minuten später. Wenn die Leute zum Büfett dürfen, ist es schon kalt. Geben Sie den Gästen dafür die Schuld.

♥ **Lehrerhochzeit:** Gerade Lehrer heiraten gern untereinander, weil sie sich dann auch auf der Arbeit in den Pausen treffen und über ihr Schicksal klagen können, sich den ganzen Tag lang mit Kindern rumschlagen zu müssen, die vor nichts mehr Respekt haben. Die Hochzeit ist für sie eine Chance, vor den Schülern fliehen zu können, außerdem laden sie das ganze Kollegium ein. Bringen Sie vorher in Erfahrung, wer die Schüler der beiden sind und laden Sie diese auch ein. Samt der Eltern. So können Sie sichergehen, dass es sich um eine Lehrerhochzeit handelt, die diese Bezeichnung wirklich verdient hat.

Eine Hälfte des Hochzeitspaares heiratet zum wiederholten Mal

Einige Leute sammeln Briefmarken. Andere verreisen. Wieder andere züchten Meerschweinchen. Und manche Leute heiraten.

Eine Ehe dauert bei ihnen selten länger als fünf Jahre, die anschließende Zeit als Single aber auch nicht wesentlich länger. Ruck, zuck steht die nächste Hochzeit an. Und Sie sind natürlich dazu eingeladen.

Toll. Wieder müssen Sie so tun, als bestünde auch nur der Hauch einer Chance, das Paar würde den Rest seines Lebens zusammen verbringen, wieder dicke Geschenke überreichen, während mindestens eine Paarhälfte schon die Nummer des Scheidungsanwalts auf der Schnellwahl hat.

Natürlich soll diese Hochzeit BESONDERS schön werden. Bei der letzten sind ein paar Sachen nicht so ideal gelaufen, das kann man jetzt alles besser machen. Besonders schlimm wird es, wenn beide Partner zum wiederholten Male heiraten. Gehören Sie zur Familie, können Sie prima dabei hinter die Kulissen blicken, wie Erfahrungswerte von verschiedenen Hochzeiten ausgetauscht und wie auf dem Basar die Details geplant werden (»Okay, du bekommst die blauen Tischdecken, aber dafür will ich die Rockband!«/»Nein, Rockbands stören nur, wir brauchen Lounge-Musik.«/»Wenn du Lounge-Musik haben willst, will ich aber, dass wir nicht mit der Kutsche, sondern mit dem Oldtimer von der Kirche wegfahren!«/»Nein, so eine Kiste hatte ich vorletztes Mal, die stinkt!«/»Ach, und Pferde stinken nicht?«).

Auch wenn Sie als Gast genau wissen, dass auch diese Ehe nur eine Zwischenstation auf dem Lebensweg ist – spielen Sie einfach mit. Betonen Sie ungefragt, dass die beiden unglaublich gut zusammenpassen, dass diese Beziehung sicher für die Ewigkeit gedacht ist und dass ohne jede Frage unzählige Kinder daraus hervorgehen werden.

Und bei der nächsten Hochzeit von einem der beiden machen Sie es genauso.

Hochzeitsspiele, die wirklich originell sind

Sie kennen das: Es werden lustige Spiele durchgeführt, bei denen sich das Brautpaar zum Affen machen muss. Das ist ein überaus gefährliches Terrain, auf das sich die ganze Festgesellschaft und besonders die Frischvermählten begeben. Vielleicht merken die beiden Ja-Sager bei diesen Spielen, dass sie objektiv überhaupt nicht zusammenpassen. Möchten Sie mit dem falschen Spiel dafür verantwortlich sein, dass am Hochzeitstag die Kurve dieser Ehe schon nach unten zeigt?

Vielleicht ja. Bei bestimmten Verbindungen ...

Nun sollten Sie so oder so als Gast nur die Spiele durchführen, die nicht jeder der Anwesenden schon vier oder fünf Mal erlebt hat:

♥ **Brautentführung richtig gemacht!** Die Brautentführung ist ein tradiertes Ritual, bei dem die Braut geschnappt und von einer Kneipe zur anderen geschleppt wird. In den Kneipen betrinken sich die Entführer hemmungslos, und der Bräutigam muss zahlen, bis er seine Braut befreit hat. Das können Sie etwas aufpeppen, indem Sie einige Freunde anheuern, sich alle vermummen und täuschend echte Waffenimitate besorgen. Stürmen Sie die Hochzeit, treiben Sie mit den falschen MGs die Gäste in eine Ecke des Saals und zerren Sie die Braut aus dem Saal, werfen Sie sie in den Fond eines Kleintransporters mit abgehängten Kennzeichen und brausen Sie davon. Den Rest der Brautentführung lassen Sie so ablaufen wie gewohnt – es sei denn, die Polizei findet Sie, bevor Sie die Kneipe gewechselt haben.

♥ Zu einer richtigen Hochzeit gehört natürlich, dass man Tauben fliegen lässt. Handelt es sich beim Brautpaar um begeisterte Angehörige des Schützenvereins … nun, Sie können es sich denken.

♥ **Die Ex ist los!** Ein lustiges Spiel, bei dem der Bräutigam nur mit den Händen rausfinden muss, wer von den Gästen seine Exfreundin ist.

♥ **Gemeinsames Durchsägen eines Baumstumpfes:**
Wird besonders lustig, wenn Sie im Vorfeld unauffällig
eine Stahlstange im Baum einlassen. Bricht die Nacht
herein oder kann einer von beiden den Sägearm nicht
mehr heben, enthüllen Sie den Schabernack.

Wenn allerdings Hochzeitsspiele ausgerufen werden,
auf die Sie so gar keine Lust haben und bei denen schon
abzusehen ist, dass Ihre Teilnahme nur zu besonders
schlimmen Fotos und Ihrer inoffiziellen Kürung zum Voll-
honk des Abends führt, müssen Sie sich auf Ihre Instinkte
verlassen und schnellstmöglich ein gutes Versteck finden:

☞ Eilen Sie zum Tisch mit den Leuten über 80, setzen
Sie sich so gebückt wie möglich hin und gucken Sie
grimmig zu allen jüngeren Leuten. Wenn Sie Glück
haben, tauchen Sie auf diese Weise unter, denn in dieser Richtung wird sowieso nicht nach Teilnehmern für
Hochzeitsspiele gesucht.

☞ Wenn die Braut ein besonders voluminöses und ange-
berisches Hochzeitskleid trägt, können Sie sich vielleicht unter dem Rock verkriechen. Die Braut selbst
wird bei den Hochzeitsspielen natürlich dabei sein,
also machen Sie sich möglichst klein und folgen mit
Trippelschritten ihren Bewegungen. Werden Sie entdeckt, erklären Sie alles zum Teil des Spiels.

☞ Verkleiden als Bedienung. Vielleicht können Sie hinter
den Kulissen einen weißen Overall auftreiben, den Sie

sich überwerfen. Schnappen Sie sich dazu ein Tablett und mischen Sie sich unter die Bediensteten. Idealerweise haben Sie schon einen falschen Bart oder einen tarnenden Hut mitgebracht. Ansonsten können Sie auch mit dem Tablett in der Hand umhereilen und die Gäste ignorieren.

Wie Sie eine Hochzeit retten, die kurz davor ist zu implodieren

Eine Hochzeit ist für alle Beteiligten ein haariger Prozess. Es muss nicht mal objektiv viel schiefgehen – die psychische Belastung ist einfach gewaltig. Wenn Sie ein stinknormaler Gast sind und Freude an einem hysterischen Schauspiel haben – lehnen Sie sich zurück, trinken Sie was und erfreuen Sie sich des Lebens.

Aber wenn die Verwandtschaft betroffen ist und Sie ein Interesse daran haben, dass diese Hochzeit nicht zu einer urbanen Legende wird, sollten Sie eingreifen – selbst wenn Sie nicht zum Organisationskomitee gehören.

Die größten Probleme treten vor der eigentlichen Vermählung auf. Ein mentaler Zusammenbruch gehört dazu, in der Regel bei beiden Beteiligten. Wenn Sie Glück haben, passiert dieser einige Zeit vorm Hochzeitstermin und nur die engsten Vertrauten bekommen etwas davon mit. Aber wundern Sie sich nicht, wenn es acht Minuten vor dem Jawort geschieht. Sie haben dann verschiedene Möglichkeiten, Braut oder Bräutigam wieder auf Spur zu bringen:

- ☞ Appellieren Sie an Vernunft.
- ☞ Rufen Sie die Kosten der Hochzeit in Erinnerung (vor allem für eine Absage).

☞ Ein Eimer kaltes Wasser.

☞ Alkohol.

Ein anderes Problem bei einer Hochzeit kann sein, dass auch Cognac im Kaffee nicht die gewünschte Wirkung entfaltet und die Brüche innerhalb der Familie oder zwischen beiden Familien wieder auftreten. Vielleicht sogar noch stärker als vorher. Das kann sogar zu einer zünftigen Schlägerei führen, die Sie verhindern sollten – und sei es nur, um selbst keinen Schaden zu erleiden:

☞ Definieren Sie eine klare Trennlinie zwischen beiden Seiten, die niemand überschreiten darf.

☞ Beide Familien müssen einen Diplomaten ernennen, mit dem Sie kommunizieren.

☞ Die Essensausgabe am Büfett wird nach dem Reißverschlussverfahren vorgenommen.

☞ Gelegentliche Übergriffe führen zu Ortsverweis und improvisierten Untersuchungskommissionen.

☞ Verfrachten Sie, wenn es die Lokalität verlangt, die aggressivere Familie in ein Nebenzimmer. Schließen Sie die Tür ab.

Silberne Hochzeit – der Prozess der Gewöhnung

Ein Paar, das Silberhochzeit feiert, hat sich wirklich gefunden. Diese Liebe hat so lange gehalten, wie es anno dazumal vor dem Traualtar versprochen wurde. Oder bei beiden hat eine gewisse Grundsturheit eingesetzt. Oder sie bleiben nur noch zusammen, um diejenigen in der Familie zu ärgern, die darauf gewettet haben, dass es früher oder später zur Scheidung kommt. Oder aber sie scheuen schlicht und ergreifend den Aufwand einer Scheidung.

Jedenfalls führt das 25. Ehejubiläum die ganze Familie zusammen und das umfasst auch diejenigen, die streng genommen immer noch gegen diese Beziehung sind, weswegen natürlich auch bei diesem Anlass keine Stichelei ausgelassen wird. Das Besondere an einer Silberhochzeit ist, dass das feiernde Paar alle möglichen Altersstufen haben kann und sich dadurch viele Kombinationen ergeben, was die Altersstruktur und das Gemüt der Gäste angeht:

Das Paar hat jung geheiratet und ist kinderlos

Dies wird eine ziel- und planlose Feier. Das Paar geht schwer auf die fünfzig zu, hat wahrscheinlich schon die ganze Welt bereist und sämtliche Freunde eingeladen, die ihrerseits nichts mit sich anzufangen wissen. Alle schauen sich verstört an, weil sie auf einer Silberhochzeit von Gleichaltrigen sind und nicht bei der Elterngeneration. Lassen Sie sich nicht von dieser Stimmung runterziehen und vermeiden Sie es, in dieses Umfeld zu geraten. Das ist am leichtesten, wenn Sie Ihrerseits Kinder dabeihaben. Sollten Sie keine haben, leihen Sie sich welche aus dem Freundeskreis für diese Feier.

Das Paar hat jung geheiratet und eine ganze Horde Kinder bekommen

Dies ist keine Silberhochzeit, sondern ein Kindergeburtstag hoch drei, denn alle anderen Gäste haben auch ihren Nachwuchs im Schlepptau. Und zwar welche aller Altersklassen – zwischen einer Woche und siebzehn Jahren. Die Älteren sitzen gelangweilt mit ihren Smartphones rum, die Jüngeren spielen im Keller des Veranstaltungsorts mit Messern und Streichhölzern, die Kleinkinder zuckern sich voll bis obenhin und rennen schreiend herum, weswegen die Babys nicht schlafen können und wie am Spieß brüllen.

Auf diese Feier sollten Sie keinesfalls mit Ihren Kindern gehen, denn diese werden in der Horde verschwinden und von den anderen Blagen zu Dingen angestiftet, die sie bislang noch nicht mal aus dem Internet kannten. Finden Sie Verwandte oder einen Kinderhort, wo Sie Ihre Sprösslinge für diesen Tag abgeben können.

Wenn Sie keine Kinder haben – umso besser.

Suchen Sie sich eine Ecke, von der aus Sie das ganze Chaos beobachten können und seien Sie erleichtert, dass Sie so unbeschadet davongekommen sind.

Das Paar hat in einem Alter geheiratet, in dem andere Silberhochzeit feiern

Nun besteht diese Feier überwiegend aus Gästen im fortgeschrittenen Alter und es geht um Themen, die sonst auf goldenen Hochzeiten oder 80. Geburtstagen die Runde machen. Diese Silberhochzeit ist eine sehr deprimierende Angelegenheit, weil allen Anwesenden klar ist, dass das Paar die goldene Hochzeit nicht mehr erleben wird, es sei denn, der Kälteschlaf wird noch rechtzeitig marktfähig.

Sie hat jung geheiratet,
er war da schon ziemlich alt (oder umgekehrt)

Im Prinzip kollidieren hier zwei Feiern auf einer. Beide haben natürlich überwiegend Altersgenossen eingeladen, die dann unter sich bleiben. Eine Hälfte der Feier kann es nicht fassen, so jung schon die Silberhochzeit zu feiern, die andere Hälfte ist deprimiert, dass es so lange gedauert hat. Die Themen an diesem Tag (primär hinter vorgehaltener Hand) drehen sich natürlich ums Geld und ums allgemeine Erstaunen, dass dieser Meilenstein erreicht wurde.

Goldene und diamantene Hochzeit – fortschreitende Symbiose

Eine Goldhochzeit dient dem Zweck, zwei Menschen zu einer Leistung zu gratulieren, die immer seltener wird, nämlich es langfristig miteinander auszuhalten. Dummerweise hat das Paar darauf gar keine Lust, ist aber schon so alt, dass als das einzig relevante Mantra übrig geblieben ist: »Aber es gehört sich doch so!« Außerdem ist beiden klar, dass sie vielleicht die letzte Chance haben, noch mal der Familie die Leviten zu lesen – also wie am 80. Geburtstag, nur im Doppelpack. Und ob die diamantene Hochzeit* erreicht wird – tja, darauf kann man sich nicht verlassen. Also wird eine Goldhochzeit mit großem Hurra aufgefahren. Die Familie hat anzutanzen und beiden zu huldigen. Es wird exakt Buch geführt, wer kommt und wer nicht und

---

* Diese wird natürlich auch gefeiert, wenn es so weit ist. Da läuft dann alles ab wie bei der Goldhochzeit, nur dass niemand mehr weiß, welches Jahr gerade ist.

wer wie lange bleibt. Schlimmer noch als bei den runden Geburtstagen wird die Üppigkeit der Goldhochzeit mit der von Freunden und Verwandten verglichen.

Daher ist der Aufmarsch der Familie auch so wichtig. Hier geht es nicht nur um das Feiern der Jubilanten, sondern um eine Familienparade. Haben die Kinder allesamt seriöse Berufe erlernt? Benehmen sich die Enkel? Sind die Urenkel auch ordentlich angezogen? Alles wird registriert und bewertet. Niemand* kommt hier nüchtern raus.

Wenn Sie nicht bis zu Ihrer eigenen goldenen Hochzeit warten wollen, können Sie die beiden vielleicht dazu animieren, vor versammelter Mannschaft einen fulminanten Ehekrach zu inszenieren, der mit der Androhung der Scheidung endet – und erst um Mitternacht wird alles aufgeklärt. Besonders auf einer Diamanthochzeit sorgen Sie damit für den Lacher des Abends.

Von einem Spiel wie »Reise nach Jerusalem« sollten Sie auf solchen Feierlichkeiten absehen. Die alten Leute nehmen es persönlich, wenn sie aussortiert werden.

---

* Außer den Kindern.

Feiern mit dem eigenen Nachwuchs

Die Taufe –
Antrittsbesuch in der Familie

Ein neugeborenes Kind kann zwar schreien und die grundlegenden Körperfunktionen anwenden – in erster Linie aber ist es wehrlos. Es liegt so rum und lässt alles mit sich geschehen. Schon deswegen werden Taufen bevorzugt dann durchgeführt, wenn das betreffende Menschlein noch nicht Protest einlegen kann. Die Taufe ist die erste Feier, bei der es im Mittelpunkt steht, und ihm stehen außer seinen Körperfunktionen keine weiteren Methoden zur Verfügung, um sich gegen übergriffige Verwandte zur Wehr zu setzen.

Wenn Sie selbst so eine Abneigung gegen Familienfeiern haben*, ist das wahrscheinlich auch auf ein frühkindliches Trauma bei der eigenen Taufe zurückzuführen. Da kommt eine endlose Prozession von Leuten an, die das kleine Ding begutachten, halten oder wenigstens tätscheln will. Die ersten fünf Minuten ist das noch spannend, aber früher oder später geht die Sirene los. Ein entspanntes Baby, das die eigene Taufe und das ganze Brimborium verschläft, hat es wahrscheinlich auch auf dem Rest des Lebensweges leicht.

* Oder eine panische Angst vor Wasser, das Ihre Stirn runterläuft.

Sie sind zur Taufe
eines Verwandten eingeladen

Gerade die ältere und/oder weitere Verwandtschaft weiß genau, dass die Taufe wahrscheinlich die letzte Chance ist, dem Kind auf die Pelle zu rücken und sich bei ihm einzuschleimen, solange es sich nicht wehren kann. Das Kind wird erst die Trotzphase haben und – schlimmer noch – spätestens in der Pubertät sogar eine eigene Meinung entwickeln. Also werden riesige Geschenke zur Taufe angeschleppt, in der Hoffnung, dass diese mindestens im Unterbewusstsein nachwirken und den Grundstein für Sympathie legen.

So strategisch denken Sie natürlich nicht. Sie wissen, dass der Säugling in späteren Jahren zu schätzen wissen wird, dass Sie ihn von Anfang an vernünftig behandelt haben – sogar schon bei der Taufe. Sie verzichten auf das Dutzi-Dutzi, gratulieren dem Täufling mit einem angenehmen Handschlag und lassen ihn für den Rest der Feier in Ruhe. Außerdem sollten Sie versuchen, als Schutzschild vor den penetranten Verwandten zu dienen. Wenn Sie bemerken, dass diese dem armen Kind auf die Pelle rücken und die chronisch übermüdeten Eltern es nicht schaffen, sie zu verscheuchen, springen Sie in die Bresche. Schieben Sie sich zwischen Kind und Verwandte und erinnern Sie diese daran, dass sie dringend in der Küche noch beim Kuchenguss aushelfen müssen.

Wenn Sie das konsequent durchziehen, wird das Kind Ihnen zumindest unbewusst ewig dankbar sein.

Die Taufe Ihres eigenen Kindes

Sie können sich nicht darauf verlassen, dass andere Ihnen genauso beistehen. Daher sollten Sie während der Taufe wachsam sein. Tanken Sie vorher genug Schlaf und ernähren Sie sich gesund. Kaffee ist Ihr Freund.

Während der Taufe an sich sind Sie auf der sicheren Seite, solange es Ihnen gelingt, das Kirchenpersonal nur die strukturell vorgesehenen Funktionen ausführen zu lassen.

Kritisch wird es während der obligatorischen Feier danach. Lassen Sie Ihr Kind nicht aus den Augen, genauso wenig wie die Verwandtschaft. Wenn sie sich nähert – ergreifen Sie Maßnahmen!

☞ Stecken Sie das Kind in den Kinderwagen und behaupten Sie, es wäre müde und würde schlafen. Tun Sie das, auch wenn es gerade schreit. Die Verwandten würden es am liebsten bezirzen, aber ziehen Sie einfach den Insektenschutz runter und sagen Sie, das Brüllen sei nur sein Einschlafritual und es dürfe dabei keinesfalls gestört werden. Irgendwann verzieht sich die Verwandtschaft von selbst.

☞ Wenn Ihr eigenes Kind Ruhe braucht, leihen Sie sich von anwesenden Freunden deren Baby, mummeln es so weit ein, dass nur die Nase rausguckt und jubeln es der Verwandtschaft unter. Natürlich haben Sie in diesem Fall auch die Verantwortung für das andere Kind und sollten es den Onkeln und Tanten entwinden, bevor es unruhig wird. Am besten haben Sie mehrere Babys in petto und wenden das Rotationsprinzip an, das hat schon für Jupp Heynckes prima funktioniert.

So bekommt jedes der auf der Taufe anwesenden Babys genug Ruhe und genug Aufmerksamkeit. Und niemand wird Sie als überbesorgtes Elternteil wahrnehmen.

Tauf-frisch

Wie allen ritualisierten Feierlichkeiten können Sie auch einer Taufe neuen Schwung geben, wenn Sie die Details verändern:

☞ Reichern Sie das Weihwasser mit Seife an. Babys mögen Seifenblasen. Pusten Sie ruhig auch welche während des eigentlichen Taufvorgangs in die Luft. Achten Sie nur darauf, dass Sie eine pH-neutrale Seifenlotion wählen, die gut zu Babyhaut und Pfarrerhänden ist.

☞ Erklären Sie nach der Taufe, dass Sie es sich anders überlegt haben und der gewählte Name Ihnen nicht mehr gefällt. Sprechen Sie den Rest des Tages von dem kleinen Winnetou oder der kleinen Precious.

☞ Fragen Sie Leute unvermittelt, wem sie denn vorhin das Baby gegeben haben. Behaupten diese, sie hätten es gar nicht gehabt, täuschen Sie Panik vor, weil niemand weiß, wo das Baby geblieben ist. Lösen Sie alles lachend auf, bevor die Polizei gerufen wird.

Natürlich können Sie eine Taufe – zumindest die Ihres eigenen Kindes – auf eine einfache Weise umgehen: Machen Sie keine. Erklären Sie, dass Sie eine Sekte gegründet haben, bei der Kontakt mit Wasser nur dem Waschen dienen darf und dass in dieser Sekte alle als Erwachsene entscheiden dürfen, welche Religion sie in ihren Lebenslauf schreiben wollen. Womöglich werden bestimmte Mitglieder Ihrer Familie das nicht akzeptieren (»So was gehört sich doch nicht!«) und schlimmstenfalls versuchen, Ihr Kind heimlich zu taufen. In diesem Fall kontern Sie damit, dass Sie mit einer Hartsalami einen Ritterschlag bei der betreffenden Person ausführen und dabei murmeln: »Hiermit nehme ich dich in die Gemeinschaft von Lucanica auf! Gelobe deinem neuen Herren deine Treue.« Schicken Sie der Person fortan immer eine Einladung zum fiktiven Neujahrsempfang Ihrer Sekte (mit Wurstfrühstück).

Einen Kindergeburtstag überleben

Bullshit-Bingo Kindergeburtstag

Sperren Sie die Ohren auf. Wenn Sie einen solchen Satz hören, markieren Sie ihn. Haben Sie fünf in einer Reihe, rufen Sie »BINGO!« und holen Sie Getränke. Aber nicht für die Kinder.

Zu Hause benimmt er sich sonst immer.	Das ist nicht zum Anmalen!	Auseinander, ihr beiden!	Aber diese neue Frisur ist doch auch hübsch. Äh.	Das waren jetzt aber genug Pommes!
In dieser Schublade habt ihr nichts verloren!	Das waren jetzt aber genug Bonbons!	Nein, dein Kopf passt da sicher nicht durch!	Das war jetzt aber genug Cola!	Nein, du bist zu jung für ein Smartphone.
Das ist nicht zum Draufklettern!	Woher kennst du denn dieses Wort?!	Das war jetzt aber genug Rumgerenne!	Aber bis zu dem Brand waren sie alle ganz brav.	Auseinander, ihr drei!
Komisch, das hat sie noch nie so gesagt.	Also, wer hat angefangen?	Ich hab doch gesagt, dass wir die Scheren wegtun sollen!	Das war jetzt aber genug Schokolade!	Das ist nicht zum Essen!

Das war jetzt aber genug Kuchen!	Auseinander, ihr … äh … acht!	Das ist nicht zum Anzünden!	Du nimmst da jetzt die Hand raus!	Nein, der Fernseher bleibt aus.

Kinder zu bekommen und großzuziehen, ist schwer genug. Jeden Tag sind neue Entscheidungen zu treffen – große Fragen über die Wahl der Schule bis zu Details, was aufs Frühstücksbrot kommt. Aber keine Entscheidung ist so folgenschwer wie die Frage, wie Sie einen Kindergeburtstag gestalten. Vielleicht nicht für das Kind, aber auf alle Fälle für Sie.

Da ist zunächst der soziale Druck. Einige der Ihnen bekannten Eltern ziehen einen Kindergeburtstag auf, bei dem erfahrene Eventmanager anerkennend mit der Zunge schnalzen. Das bringt Sie natürlich in Zugzwang. Diesem absurden Kräftemessen möchten Sie sich nicht verschreiben, aber Ihr Kind soll natürlich auch nicht zum Gespött im Kindergarten oder der Schule werden.

Erfahrene* Eltern werden Ihnen einen alten und weisen Rat mit auf den Weg geben: Laden Sie zum Kindergeburtstag nur so viele Kinder ein, wie Ihr Kind alt wird. Das ist sicher richtig, aber dabei werden zwei Fakten gern unterschlagen:

- Kinder laden andere Kinder ein, ohne dass Sie etwas davon wissen. Wundern Sie sich also nicht, wenn plötzlich doppelt oder dreimal so viele Kinder vor Ihrer Tür abgeladen werden, als Sie eingeplant haben. Natürlich können Sie keinen der kleinen Besucher wegschicken,

---

* Also leidgeprüfte.

sondern müssen sich damit arrangieren, dass das Chaos dann eben auch doppelt oder dreimal so groß wird.

- Für zwei Kinder brauchen Sie mindestens einen Erwachsenen, der Ihnen hilft, die Kontrolle zu behalten. Wenn Sie fünf oder mehr Kinder haben und nur zu zweit sind, können Sie es auch gleich sein lassen und der Bande ein paar Farbeimer und Feuerwerkskörper geben. Wenn immer ein Erwachsener in Sichtweite ist, nötigt das den lieben Kleinen Respekt ab. Zumindest ein wenig – es dauert dann etwas länger, bis die Vorhänge runtergerissen werden.

In beiden Fällen müssen Sie frühzeitig wirksame Gegenmaßnahmen einleiten. Bläuen Sie Ihrem Kind ein, dass die Liste der einzuladenden Gäste nicht verhandelbar ist. Sicher, es darf mitentscheiden, wer überhaupt mit von der Partie sein wird, aber das Limit steht und darf nicht überschritten werden. Erklären Sie, was das Wort »Limit« bedeutet.

Sorgen Sie für ausreichend Personal. Rekrutieren Sie genügend Leute aus Familie und Bekanntenkreis. Sie müssen nicht einmal großartige Jobs beim Kindergeburtstag übernehmen, es reicht schon, wenn sie körperlich anwesend sind und mit stummer Drohung im Blick die randalierende Horde im Griff halten.*

---

* Umgekehrt sollten Sie natürlich nicht um Ausreden verlegen sein, wenn jemand aus Ihrem Freundeskreis versucht, Sie für den Kindergeburtstag des Sprösslings anzuheuern. Lassen Sie sich darauf nur ein, wenn Sie der Person WIRKLICH einen Gefallen schulden oder Sie sich gegenseitig beim jeweiligen Kindergeburtstag den Rücken freihalten. Ansonsten improvisieren Sie schleunigst eine Ausrede.

Am erfolgreichsten wird ein Kindergeburtstag, wenn Sie das Rudel dazu bringen, dass es sich mit sich selbst beschäftigt. Stellen Sie altersgerechtes, schwer entflammbares Spielzeug hin und garnieren Sie alles mit so viel ungesundem Essen wie möglich.* Wichtig sind Aktionen und Spiele, die auch dem Bewegungsdrang der lieben Kleinen entgegenkommen:

☞ »Raus mit dem Zeug!« – Vielleicht haben Sie aus einem Kellerraum ja Gerümpel wegzuschaffen. Machen Sie ein Spiel daraus – wer am schnellsten zehn Gegenstände aus dem Keller in den Hof bringt, hat gewonnen. Wenn dann immer noch Objekte im Keller sind, spielen Sie noch eine Runde.

☞ »Malermeister Joe« – Kaufen Sie Farbe, Pinsel und Schutzanzüge für die Kleinen, die großen Spaß daran haben werden, Wände und Decken zu streichen. Ignorieren Sie eventuelle Proteste, dass Sie nur weiße Farbe zur Verfügung gestellt haben.

☞ »Schatzsuche« – Verbuddeln Sie im abgeernteten Gemüsebeet eine Schatulle mit Schokoladendublonen. Verteilen Sie Schaufeln. Wenn die Kinder unter großem Hallo Ihren Garten umgegraben haben, dürfen sie die Dublonen vertilgen. Und danach neue einsäen. Alle Löcher zuschütten. Gießen.

Wenn allerdings ein traditioneller Kindergeburtstag mit zu viel Cola, zu viel Rennerei und zu viel Lautstärke gefeiert

---

* Oder Sie nehmen halt Geld in die Hand, mieten einen halben Freizeitpark, kutschieren die Bande dorthin und gut ist.

wird, müssen Sie alle Register ziehen, um das Ganze mit heiler Haut zu überstehen. Wichtig: Auch wenn alles in Ihnen danach schreit – beruhigen Sie nicht schon WÄH-REND der Festlichkeit Ihre Nerven mit Prosecco. Wenn die kleinen Gäste von ihren Eltern abgeholt werden, sollten Sie noch stehen können, selbst wenn Sie ein zitterndes Wrack sind (wofür andere Eltern aus eigener leidvoller Erfahrung Verständnis haben). Im Anschluss an den Größten Anzunehmenden Kindergeburtstag können Sie sich ruhig zuschütten – und zwar ab dem Moment, in dem Sie den letzten johlenden Knirps vor die Tür bugsiert und die Haustür ordentlich verrammelt haben. Während des Events können Sie nur versuchen, sich aus der Verantwortung zu stehlen. Schaffen Sie die Kinder in den Garten und werfen Sie einen Ball in die Menge, oder beginnen Sie im Winter eine Schneeballschlacht, vor der Sie schnell wieder fliehen – und dann schließen Sie sich eilig in der Toilette ein, um wenigstens fünfzehn Minuten Seelenfrieden zu haben.

Wenn Sie glauben, dass Sie sich langsam an den Ablauf gewöhnen und damit zurechtkommen, werden Sie im Jahr darauf feststellen, dass Sie wieder bei null anfangen müssen. Kinder haben die Eigenheit, zu wachsen und sich zu verändern – und so sind Ansprüche an und Abläufe von Kindergeburtstagen jedes Jahr anders. Auf die Lebensalter verteilt, sieht das in etwa so aus:

1. Geburtstag

Harmlos. Wird nur innerhalb der Familie oder mit engen Freunden gefeiert. Höchstens ein paar andere Gleichaltrige sind da, und die Einjährigen lassen sich noch vergleichsweise leicht kontrollieren. Ein paar Luftballons reichen, um die Stöpsel ein paar Stunden zu beschäftigen.

2. Geburtstag

Das Geburtstagskind und die Handvoll gleichaltriger Gäste tapsen rum und sind schon zufrieden, wenn sie einen Spielzeughammer auf irgendwas draufhauen können. Was sie früher oder später aufeinander tun. Hier können Sie noch schnell einschreiten – doch im Grunde ist das bereits ein Vorgeschmack auf die Dinge, die noch auf Sie zukommen.

3. Geburtstag

Das Kind hat verstanden, was der Geburtstag ist und dass es an diesem Tag Forderungen stellen kann. Erste Verhandlungen über die Zusammensetzung der Gästeschar beginnen. Es wird eine individuelle Tischdeko verlangt – wahrscheinlich diejenige, die es bei der besten Freundin/dem besten Freund auf dessen Geburtstag gab. Jede Abweichung davon wird angemahnt wie etwas, das im Strafgesetzbuch steht.

4. Geburtstag

Die Kinder sind nun alt genug, um eigenständig Chaos anzurichten. Geschlossene Türen beeindrucken sie nicht mehr, nur noch abgeschlossene. Allerdings sind einige Vertreter dieser Altersklasse *noch* einigermaßen ruhige Gesellen, und die Anzahl der Horde ist *noch* vergleichsweise klein, weswegen sich die Anforderungen an Ihr

Nervenkostüm *noch* in Grenzen halten. Dies ist der letzte Kindergeburtstag, auf den dieser Satz noch zutrifft.

5. Geburtstag

Ab diesem Geburtstag müssen Sie beginnen, entweder eine sehr kontrollierte Feier ablaufen zu lassen, die den lieben Kleinen immer neue Attraktionen bietet, oder Sie finden mönchsgleiche Gelassenheit. Wenn fünf Fünfjährige zugange sind, gehen sicher Dinge zu Bruch oder werden verschüttet. Die Lautstärke erreicht nun Dezibelbereiche, die mit »unangenehm« nur unzureichend umschrieben sind.

6. Geburtstag

Wundern Sie sich nicht, wenn dieser Geburtstag zu einem Wettbewerb ausartet, wer die schlimmsten Schimpfwörter kennt. Versuchen Sie dabei bloß, sich einen gleichgültigen Gesichtsausdruck zu bewahren, denn den Kleinen geht es kollektiv darum, zu erreichen, dass Sie möglichst geschockt dreinblicken. Tun Sie ihnen diesen Gefallen nicht.

7. Geburtstag

Der Bewegungsdrang ist auf diesem Geburtstag besonders stark ausgeprägt. Am besten setzen Sie die Kinder mit einem Kompass, zwei Flaschen Wasser und einer Karte, auf der ein Zielpunkt markiert ist, im nächsten Wald aus. Nennen Sie es einen Abenteuergeburtstag.

8. Geburtstag

Dies ist der letzte Geburtstag, an dem viele Sachen noch sinnvoll sind, beispielsweise eine Hüpfburg oder das obligatorische Kerzenausblasen. Danach wird alles anders.

9. Geburtstag

Hier müssen Sie schwere Geschütze auffahren, denn Neunjährige sind sich bewusst, dass sie fast zehn Jahre alt sind. Also wollen sie schon jetzt nicht mehr mit Kinderkram belästigt werden – obwohl sie ihn eigentlich noch total toll finden. Machen Sie daraus ein Spiel und versuchen Sie, auch bei den coolsten Neunjährigen den Spieltrieb anzufachen, indem Sie Topfschlagen und ähnlichen Kinderkram anbieten und sich dann innerlich kaputtlachen, wie die Kinder hin- und hergerissen sind.

10. Geburtstag

Zehnjährige wollen nicht mehr wie Kinder behandelt werden, aber für eine Erstanalyse von »Kritik der reinen Vernunft« sind sie auch wenig zu begeistern.* Das Motto dieses Geburtstags sollte also Coolness sein. Die Pimpfe wollen sich wie Teenager verhalten, also behandeln Sie diese, als wären sie welche: streng.

---

* Falls doch, ist das betreffende Kind entweder ein Genie oder hat sehr seltsame Eltern. In beiden Fällen sollten Sie das Jugendamt konsultieren. Wenn es sich um Ihr eigenes Kind handelt, gilt das nicht. Schenken Sie eine gebundene Ausgabe von Kants »Grundlegung zur Metaphysik der Sitten«.

11. Geburtstag

Bei dieser Feier sitzen die Kinder rum wie Falschgeld und warten darauf, dass sie zwölf werden.

12. Geburtstag

Inzwischen haben alle Teilnehmer des Geburtstags eigene Smartphones. Sie brauchen keine Bespaßung mehr – außer dem WLAN-Schlüssel. Lassen Sie die kleinen Gäste aber ein Formular unterschreiben, dass ihre Eltern haftbar sind für eventuelle illegale Dinge, die sie über Ihren Router erledigen.

Die anschließenden Geburtstage sind keine Kindergeburtstage mehr. Wenn Sie Ihren Teenagersprössling ärgern wollen, überraschen Sie ihn doch mit einem klassischen Kindergeburtstag, wenn sie oder er 15 oder 16 wird. Dann wird das Kind Sie noch mehr hassen, als es sowieso schon der Fall ist.

Geschlechterklischees muss man im Zusammenhang mit einem Kindergeburtstag nicht unbedingt aufwärmen. Ob's ein Geburtstag mit überwiegend Mädchen oder Jungen war – die Wohnung sieht danach so oder so aus, als hätte ein mexikanischer Kegelclub sein hundertjähriges Jubiläum gefeiert.

Mit Babys oder Kleinkindern
auf Feiern unterwegs

Wenn Sie mit Ihrem Baby eine eventuelle Taufe überstanden haben, dürfen Sie sich dem Spaß widmen, fortan bei den Familienfeiern ein Kind im Schlepptau zu haben. Das hat auch Vorteile: Sie werden eher in Ruhe gelassen. Vor allem, wenn das Baby noch taufrisch ist und zum ersten Mal auf einer Feier dabei – da sollten Sie fast überlegen, Eintrittsgeld zu nehmen, weil sich sofort eine Schlange bildet. Aber Babys werden mit dem ihnen angeborenen Instinkt bald von der ganzen Bande, die sie anstarrt und Dutzi-Dutzi macht, die Schnauze voll haben und stimmgewaltig einen baldigen Aufbruch fordern (oder einfach einschlafen). Jedenfalls haben Sie mit dem Bündel einen weiteren Vorteil gewonnen, nämlich die perfekte Ausrede für den übereilten Aufbruch. Erklären Sie, dass Ihre Kleine/Ihr Kleiner nur im vertrauten Bett richtig gut schläft. Überall sonst muss sie/er sich fürchterlich übergeben. Langanhaltend. Plötzlich werden alle* großes Verständnis dafür haben, dass Sie eilig verschwinden.

Mit jedem Jahr wird es allerdings schwieriger. Kann man ein Baby noch rumtragen und auch mal irgendwo hinlegen, fängt es irgendwann an, davonzukrabbeln oder wegzulaufen. Auch die Tischmanieren sind nach dem Abstillen eher rustikal. Ein Familiengeburtstag mit einem Kleinkind, das sich an jeder Tischdecke in Griffhöhe hochzieht und vermag, das Essen in einem Radius von 5 Metern zu verteilen,

---

* Vor allem diejenigen, die am Tisch mit Ihnen gesessen haben.

ist für die Verwandtschaft plötzlich weniger schön, wird irgendwie etwas ... anstrengender. Und auf einmal haben sie gar nicht mehr so große Lust, sich in die Nähe des Kindes zu begeben.

Bingo.

Das können Sie zu Ihren Gunsten nutzen. Weichen Sie Ihrem Sprössling nicht von der Seite. Sie möchten doch auch lieber verhindern, dass die/der Kleine die brennenden Kerzen auf dem Tisch isst, als mit so manchen Verwandten zu reden. Heuern Sie gezielt die Leute als temporäre Babysitter an, die Sie so gar nicht leiden können. Das wird sie Ihnen den Rest der Feier vom Leib halten, denn sie werden verhindern wollen, dass ihnen wieder die Aufsicht zugeteilt wird.

Wenn Ihr Kind wohlerzogen ist, also Ihren Anweisungen ohne Widerworte Folge leistet, können Sie es auch anstiften, gezielt für Durcheinander auf der Feier zu sorgen. Natürlich sollte es eine überzeugende Unschuldsmiene aufsetzen können und in der Lage sein, Ihre Anstiftung zu verschleiern. Idealerweise kann es wie auf Befehl so tun, als würde ihm übel mitgespielt und herzzerreißend weinen – wer könnte so ein Kind schimpfen, wenn es ein Stück Schwarzwälder Kirschtorte in Tante Inges Handtasche deponiert? Schließlich wollte es doch nur, dass sie auf dem Heimweg was zu essen hat – und das haben Sie Ihrem Kind natürlich nicht eingeflüstert, es ist ganz von selbst darauf gekommen!

Mit Teenagern im Schlepptau

Teenager haben naturgemäß keine Lust auf Familienfeiern. In einem Zeitfenster von einigen Jahren ist es ihnen einfach zu peinlich, mit der Familie gesehen zu werden oder an Familienaktivitäten teilzunehmen. Wenn Sie also die Generation 13+ im Schlepptau haben (müssen), stellen Sie sich ein auf:

💣 **Rollende Augen.** Teenager rollen immerzu mit den Augen. Egal, was Sie tun oder was Sie zu ihnen sagen.

💣 **Essensstreik.** Ihr Teenager-Kind wird an allem, was mit der Feier zu tun hat, demonstrativ desinteressiert sein. Das beinhaltet auch Nahrung zu jeder Tages- und Nachtzeit. Teenager haben in der Wachstumsphase allerdings Hunger wie eine Anakonda, die sich in den Abwasserkanälen verschwommen hat, und werden daher alles tun, um heimlich etwas zu essen. Tun Sie so, als würden Sie es nicht bemerken.

💣 **Alkohol.** Ihr Kind wird versuchen, in der Nähe der Verwandten zu landen, die nach dem Motto leben: »Ach komm, so ein kleiner Schluck schadet doch nichts!« Sie selbst müssen sich schon beherrschen, um sich die ganze Veranstaltung nicht konsequent schönzusaufen, und wenn Sie es doch tun, ist Ihre Autorität stark beschädigt. Behalten Sie Ihr Kind unter Kontrolle. Also in Sichtweite. Immer.

💣 **Unfreundlichkeit.** Ihr Teenager-Kind wird sich keine Mühe geben, die Abneigung gegenüber den Verwandten und der ganzen öden Veranstaltung zu verbergen. Da wären Sie auch wieder gern Kind (zumindest Teenager), aber das lässt sich nicht einrichten, also überspielen Sie gekonnt das Verhalten Ihrer Erbengemeinschaft. Lenken Sie die Aufmerksamkeit der Anwesenden auf die Eichhörnchen im Baum, das interessante Muster im Parkettboden, oder seien Sie weise und erklären Sie, dass wir alle mal jung waren.

Egal, was Sie auf einem Geburtstag mit Ihrem Teenager tun – versuchen Sie nicht, ihr oder ihm einzureden, das sei doch alles ganz toll und lustig. Entweder die Umstände entwickeln sich tatsächlich so und um Viertel vor zwei taut Ihr Nachwuchs langsam auf, oder es passiert halt niemals. Wenn sie oder er vor der Polonaise flieht, können Sie aber in ihrem oder seinem Fahrwasser folgen – so können Sie sogar ein bisschen Gemeinschaftssinn zwischen sich und Ihrem Kind stiften, der Ihnen in letzter Zeit ja sowieso irgendwie abhandengekommen ist.

Weihnachten –
Das Fest der Lüge

Bei runden Geburtstagen, ja sogar bei Hochzeiten können Sie sich vielleicht noch irgendwie mit guten Ausreden aus der Affäre ziehen. Bei Weihnachten gibt es keine Ausreden. Um das Christfest im Familienkreis kommen Sie nur herum, wenn Sie in dieser Zeit auf der Internationalen Raumstation sind, und selbst das wird von der Familie nur zähneknirschend als Grund für Ihre Abwesenheit akzeptiert. Es ist also mehr als wahrscheinlich, dass Sie mit Ihrer Familie den Heiligabend und die anschließende Völlerei verbringen, und mit »Familie« sind nicht nur Ihre Nachkommen gemeint, sondern auch Ihre Vorfahren, soweit sie noch verfügbar sind – der Clan hat vollzählig zu erscheinen!*

Weihnachten ist dann auch das Fest, auf dem es keine Ausweichmöglichkeit bei der eigenen Familie gibt. Bei Geburtstagen und Hochzeiten können Sie sich noch hinter Freunden und entfernten Verwandten verkriechen, während Sie an Weihnachten ausschließlich von dem eigen Fleisch und Blut umzingelt sind.

---

* Wenn Sie selbst das älteste Familienmitglied sind, verschiebt sich die Perspektive und Sie sind die Person, die darauf besteht, dass alle zu Ihnen kommen und die Feiertage mit Ihnen verbringen, damit es ein WEIHNACHTEN SO WIE FRÜHER wird.

Die einzige sozial halbwegs akzeptable Alternative zu Weihnachten bei den Eltern ist Weihnachten bei den Schwiegereltern, wenn Sie verheiratet sind. Theoretisch. In der Praxis aber bedeutet es nur doppelten Stress, weil Sie gleich zwei Familien über die Feiertage mit Ihrer Anwesenheit beglücken müssen. Dann beginnt das Jonglieren Ihres Zeitbudgets und wenn noch ein paar Kinder mit in die Gleichung geraten, werden die wenigen Weihnachtstage zu einem planerischen Aufwand, zu dem im Vergleich ein Hauptstadtflughafen etwas ist, das man im Sandkasten zusammenklempnern kann.

Bullshit-Bingo Weihnachten

Sperren Sie die Ohren auf. Wenn Sie einen solchen Satz hören, markieren Sie ihn. Haben Sie fünf in einer Reihe, rufen Sie »BINGO!« und holen Sie Getränke.

Das ist doch alles für die Kinder!	Hach, ist das alles schön!	Irgendwie fühle ich mich gar nicht so weihnachtlich.	Guck mal, wie die Kinder sich freuen.	Aber wir gehen erst in die Kirche!
Benimm dich, sonst holt der Weihnachtsmann die Geschenke wieder ab!	Ich bin sicher, die Kneipe hat heute auf.	Socken kann ich gerade gut gebrauchen!	Echte Kerzen sind natürlich schöner als so LED-Dinger.	Ich esse heute Abend nicht so viel, schließlich gehen wir morgen wieder essen.
Jetzt sag der Oma aber auch Danke!	Es geht heutzutage doch nur noch um Kommerz!	Früher hast du aber ans Christkind geglaubt!	Ach, machen wir mal den Fernseher an …	Der Braten ist gleich durch!

Wisst ihr noch, wie 1972 das Wohnzimmer wegen der Kerzen am Baum gebrannt hat?	Wehe, du betrinkst dich heute Abend wieder!	Du hättest deine Freundin/deinen Freund ruhig mitbringen können!	Früher war WIRKLICH mehr Lametta.	Schade, dass kein Schnee liegt.
Hat jemand eine Schere? Wer hat das denn so eingepackt?	Ich dachte, du kaufst die Geschenke!	Du brauchst doch nicht zu weinen. Das ist doch auch ein schönes Geschenk!	Ich glaube, ich bin satt.	Bei anderen Leuten ist der Heiligabend sicher friedlicher.

Die Ankunft

Vielleicht ist Weihnachten für Sie aus praktischen oder psychologischen Erwägungen einer der bewusst wenigen Termine, die Sie in der alten Heimat wahrnehmen. Daher müssen Sie damit rechnen, dass die Tage zu Hause besonders aufwändig gestaltet werden und dass Sie im Mittelpunkt des Geschehens stehen. Das ist nie erstrebenswert.

Kommen Sie also am besten nachts an. Sie haben ja bestimmt noch den Schlüssel zu Ihrem Elternhaus, und das sollten Sie ausnutzen. Treffen Sie idealerweise zwischen 0 und 2 Uhr ein – zu spät, um noch überschwänglich begrüßt zu werden und zu früh, um gleich Frühstück aufgetischt zu bekommen. Sie brauchen sich auch nicht zu bemühen, besonders leise zu sein – Ihre Eltern haben Argusohren und werden aus den Betten hochfahren, sobald sie den Schlüssel im Schloss hören. Betonen Sie im sich daraufhin entwickelnden Gespräch aber auf alle Fälle, wie müde Sie sind und dass Sie sofort ins Bett müssen. Machen Sie sich unverzüglich auf den Weg in Ihr Zimmer und schlagen Sie noch im Abgang das Angebot aus, den Hackbraten vom letzten Abend schnell noch aufzuwärmen.

Überhaupt, das Essen ...

Das Essen

Fressorgien sind der eigentliche Inhalt des Weihnachtsfests. Sieht man* Sie ohne etwas zu essen in der Hand, wird das als unnormal empfunden und als ein Zustand, der schnellstens ausgeräumt werden muss, weil sonst das kosmische Gleichgewicht aus dem Lot ist.

Sie haben folgende Möglichkeiten, auf diese Extremsituation zu reagieren:

🍪 Sie essen jedes Mal, wenn Ihnen etwas angeboten wird. Das hat den Vorteil, dass während der Feiertage zumindest hinsichtlich dieses Aspektes niemand über Ihr Verhalten erbost ist. Im Gegenteil: So vermitteln Sie der Familie das Gefühl, dass Sie dankbar und glücklich sind, gut versorgt zu werden. Der Nachteil ist, dass Sie im Schnitt jeden Tag 2 Kilo zunehmen und Ihre Lebenserwartung dank Verfettung der Gefäße durch so ein Weihnachtsfest im Schnitt um dreieinhalb Jahre sinkt.

🍪 Sie essen nie, wenn Ihnen etwas angeboten wird. Führen Sie es auf akute Magenprobleme wegen enormer Arbeitsbelastung zurück – dies ist der einzige Grund, der noch halbwegs akzeptiert wird. Jede Andeutung,

* Was in diesem Fall bedeutet: Ihre Eltern.

dass Sie nichts essen möchten, würde sonst als grobe Beleidigung empfunden werden. Eine Diät oder Ihr Wunsch, einfach mal etwas gesünder zu essen, wird ebenso auf taube Ohren stoßen. Wenn Sie alles Essen ablehnen, werden Sie die Feiertage körperlich in gutem Zustand überstehen, allerdings sind alle wegen Ihnen beleidigt. Was Sie natürlich nicht von der Pflicht befreit, nächstes Weihnachten wieder aufschlagen zu müssen, zumal in der Zwischenzeit alle vermuten, Sie hätten eine schlimme Krankheit, weil Sie so wenig Nahrung zu sich nehmen.

🧍 Sie täuschen das Essen nur vor. Lassen Sie sich immer was aufladen, wenn Ihnen etwas angeboten wird, aber verteilen Sie es entweder auf dem Teller Ihrer Partnerin/Ihres Partners oder denen Ihrer Kinder. Notfalls – und wenn Sie es mit Ihrem Gewissen vereinbaren können – entsorgen Sie die Kuchenstücke unauffällig im nächstgelegenen Blumenbeet. Wenn Sie einen Hund mitgebracht haben, sind Sie aus dem Schneider. Wuffi freut sich immer über Leckerli, zumindest die ersten Tage. Spätestens am 2. Weihnachtsfeiertag wird aber auch er genug von der Völlerei haben und sich beim Anblick von Futter winselnd hinter der Couch verkriechen. Widerstehen Sie dem Impuls, das auch zu tun.

Wenn Sie nicht Ihr Umfeld dahingehend erziehen wollen, dass Ihnen nicht die ganze Zeit der Sinn nach Essen steht, oder auch, wenn Sie sowieso keine Selbstbeherrschung haben und einfach zuschlagen wollen, sollten Sie frühestmöglich nach den Weihnachtsfeiertagen einen Termin bei Ihrem Hausarzt vereinbaren. Lassen Sie Ihr Blut untersuchen und bemühen Sie sich, wenigstens bis zur Völlerei an Silvester einigermaßen enthaltsam zu leben. Wenn Sie wieder mit Sport anfangen wollen, sollten Sie es JETZT tun und nicht wie die ganzen Weichlinge, die keine Selbstbeherrschung haben, am 2. Januar.* Beginnen Sie zwischen den Jahren damit, heißt das eindeutig, dass Sie es wirklich ernst meinen. Dann können Sie bei der Silvesterfeier auch leicht die Leute beeindrucken, die gute Vorsätze fürs neue Jahr fassen.

Heiligabend – eilig Abend

Dreh- und Angelpunkt des familiären Weihnachtstreffens ist natürlich der Heiligabend. Das Fest der Feste!** Vor allem das Fest der Rituale, an die sich manche Leute wie Ertrinkende klammern. Wenigstens diesen einen Abend hat gefälligst die Welt in Ordnung zu sein und es hat Friede und Eintracht zu herrschen, selbst wenn sich da draußen irgendwelche Länder gegenseitig zerbomben. Auch die Uneinigkeit innerhalb der Familie sollte an diesem Tag vom Tisch gefegt werden, da sind sich alle einig. Was natürlich nie funktioniert. Die Frage ist nur, ob es vor oder nach der Bescherung zur Eskalation kommt – oder währenddessen.

Als Sie noch ein Kind waren, hatte der Heiligabend natürlich noch eine ganz andere und erstrebenswerte Be-

---

* Diese Leute hören am 4. Januar wieder mit dem Sport auf.
** Für den Einzelhandel, Versandhandel, Kinder im Allgemeinen, Notaufnahmen.

deutung: GESCHENKE. Während Sie das Lego ausgepackt haben, konnten Sie das Geschwätz der Älteren ignorieren, und wenn zu späterer Stunde die Weihnachtsstimmung zu Weihnachtsterror umgeschlagen ist, waren Sie längst im Bett. Schlimmstenfalls mussten Sie ein schräges Flötenspiel vorführen oder das Klavier vergewaltigen – ja vielleicht noch die Geige. Aber damit waren Ihre Pflichten erledigt, und Sie konnten sich ganz in Ruhe Ihren Präsenten und der Auswahl der Kekse widmen.

In der Jugendzeit schließlich haben Sie die Traditionen ignoriert, Ihre Zeit tapfer abgesessen und mit stoischer Miene die Geschenke entgegengenommen.

Wie Sie den Heiligabend als erwachsene Person erleben, hängt stark davon ab, in welcher Lebensphase und in welchen privaten Umständen Sie sich befinden, denn das alles hat direkten Einfluss auf den Ablauf des Tages und des Abends.

Sie wohnen noch zu Hause und sind Single

Um Gottes willen: wie auch immer, nehmen Sie die Beine in die Hand und FLIEHEN SIE! Diesen Abend sollten Sie nicht auch noch daheim verbringen. Sie sind schon das ganze Jahr hier. Finden Sie eine Ausrede, egal welche, fahren Sie weg. Weit weg. Auf eine einsame Insel oder auf die höchste Bergspitze. Sonst sitzen Sie mit Ihren Eltern im Wohnzimmer und schauen irgendwann auf die Uhr, ob es schon Mitternacht schlägt – und dabei ist es erst Viertel vor neun. Wenn Sie Pech haben, sind auch noch irgendwelche Geschwister angereist (vielleicht auch noch mit ihrem Nachwuchs), und nicht nur, dass sie Platz im

Haus wegnehmen, nein, es dreht sich auch noch alles um sie. Während Sie natürlich als das Sorgenkind der Familie wahrgenommen werden. Es wird Zeit, dass Sie ausziehen, eine Familie gründen, Karriere machen. ALS WÜSSTEN SIE DAS NICHT! Natürlich beschenken Sie alle, aber selbst wenn Kinder dabei sind, so sind es nicht Ihre, und Sie schauen sich das Schauspiel distanziert, ja vielleicht sogar genervt an.

So einen Abend können Sie nur aufpeppen, wenn Sie unangekündigt eine neue Partnerin/einen neuen Partner mitbringen. Wählen Sie einfach einen anderen Single aus Ihrem Freundeskreis. Das ist eine Win-win-Situation: Die andere Person muss nicht bei der eigenen Familie auf dem Sofa hocken, und Sie haben die Situation im Griff. Niemand weiß so recht, wie mit dem neuen Gast umzugehen ist, also sind alle bei den üblichen Ritualen und Anfeindungen besonders vorsichtig. Außerdem können Sie alle Anwesenden in Verlegenheit bringen, indem Sie sich immer seltsamere Kosenamen geben und laut darüber nachdenken, wie viele Kinder Sie eigentlich wollen (schließlich kennen Sie sich ja schon drei Wochen). Sie oder Ihre Partnerin sollten besonders viel essen, was der andere dann mitten beim Essen kommentiert mit: »Na, du wirst doch nicht etwa schwanger sein!«, woraufhin Sie beide in Lachen ausbrechen und amüsiert die Köpfe schütteln. Ergötzen Sie sich an den schockierten Blicken der anderen. Wenn Sie es auf die Spitze treiben wollen, lassen Sie die neue Partnerin/den neuen Partner bei der Bescherung erbost aufspringen und einen Monolog über den bösen Kapitalismus halten, bevor sie/er wütend abdampft. Das eröffnet Ihnen die Möglichkeit, mit dem Einverständnis aller Anwesenden hinterherzueilen und sich in der nächstbesten Kneipe einen schönen Abend zu machen. Und Sie können am nächsten Morgen zerknirscht* der Familie erklären, dass die Beziehung nicht mehr zu kitten sei.

Hocken Sie ganz alleine mit der Familie rum und wollen niemanden verärgern, werden Sie sich den ganzen Abend jung fühlen. Und zwar sehr viel jünger. Denn der Heiligabend wird so ablaufen wie die letzten Jahrzehnte. Wundern Sie sich nicht, wenn Ihre Eltern sogar versuchen, eine ganz traditionelle Bescherung durchzuführen und sie sich auch nicht durch Ihr Stöhnen davon abbringen lassen.

Sie sind in einer Beziehung, aber kinderlos

Auch hier gilt: Hat jemand anders am Heiligabend Kinder mitgeschleppt, wird es nicht ganz so schlimm. Aber wenn Sie mit Partnerin/Partner und ohne Nachwuchs zur Familie reisen und auch sonst niemand irgendwelche Pimpfe mitschleift, ist Weihnachten an Jämmerlichkeit kaum zu übertrumpfen. Alle sitzen sinnlos beieinander, haben sich wahrscheinlich im Vorfeld darauf geeinigt, sich gegenseitig nichts oder nur Kleinigkeiten zu schenken. Bis auf die eine Tante, die sich nicht daran halten wollte und allen große Präsente überreicht, was zur Folge hat, dass alle anderen peinlich berührt sind, weil sie tatsächlich nichts mitgebracht haben.

Alle sind sich einig, dass Weihnachten sowieso nur noch ein fürchterlich kommerzielles Fest ist und mit dem

---

* Soll heißen: verkatert.

eigentlichen Anlass nichts mehr zu tun hat. Dann wird der Fernseher angeschaltet, und Sie können sich anschauen, wie Ihre Fernsehgebühren dafür verbraucht werden, abgehalfterte Schlagerstars durch Kunstschnee zu scheuchen (weiter unten erfahren Sie, wie Sie das verhindern können). Wenn Sie bisher in Ihrem Leben noch keinen Kinderwunsch verspürt haben, könnte das jetzt zum ersten Mal eintreten – und nur, damit nächstes Weihnachten das verklemmte Beisammensein einen Grund bekommt.

Sie haben kleine Kinder dabei

Herzlichen Glückwunsch! Weihnachten hat wieder etwas, das entfernt als Sinn durchgeht. Das Ganze wird für Sie zwar dadurch nicht entspannter, aber es sind genug Leute im Haus, die die aufgedrehten Kinder bespaßen (Eltern oder Schwiegereltern kümmern sich natürlich gern und Sie können sich unauffällig komplett zurückziehen, denn die lieben Kleinen freuen sich natürlich, die Aufmerksamkeit der anderen Verwandten aufzusaugen).

Wenn die Kids nicht mehr im Krabbelalter sind, haben sie längst verinnerlicht, dass sie sich über ein paar Tage im Winter vor Geschenken nicht retten können. Spätestens, wenn sie im Oktober die dicke Mütze aufziehen müssen, weil es kalt geworden ist, wissen sie: Jetzt kommt bald der Weihnachtsmann. Oder das Christkind. Oder Santa. Oder der Nikolaus. Oder Dumbledore. Details sind irrelevant, solange es buntes Geschenkpapier zu zerreißen gibt und was Aufregendes dahinter zum Vorschein kommt.

Anfangs sind die Kinder davon noch überfordert und wissen gar nicht so recht, wie ihnen geschieht. Sie werden von allen Familienmitgliedern dazu angehalten, SCHNELLSTENS die Geschenke zu öffnen und sich gefälligst darüber zu freuen und überschwänglich zu bedanken. Vielleicht streiten sich die Angehörigen auch ein wenig, wessen Geschenk zuerst ans Tageslicht befördert wird. Irgendwann weint das Kind und will ins Bett. Dieses erste Weihnachtserlebnis wird dann ein Jahr verdaut und im Folgejahr beginnt der Terror so richtig, denn nun weiß das Kind, was auf es zukommt.

Wenn Sie mit Nachwuchs feiern, ist es also Ihr Job, das alles ein wenig zu entschleunigen und Tempo rauszunehmen. Am Heiligabend wird das besonders schwierig, wenn es zur großen Bescherung kommt. Verpacken Sie die Geschenke – auch die der anderen – in zusätzliche Lagen. Achten Sie darauf, dass Sie besonders starkes Geschenkpapier finden und fixieren Sie es zusätzlich mit Paketklebeband. So ist das Kind schon mit dem ersten Geschenk gute dreißig Minuten beschäftigt, während Sie sich entspannen und neuartige Liköre erfinden können. Stellen Sie sich in den Weg, wenn andere mit Messer und Schere bewaffnet dem Kind helfen wollen. Erklären Sie, dass Vorfreude die größte Freude ist.

Wenn Sie alles noch etwas steigern wollen, verstecken Sie die Geschenke im ganzen Haus, vielleicht sogar draußen im Garten. Nennen Sie es eine Anspielung auf Ostern und erklären Sie Ihrem Kind, was Meta-Ebene bedeutet.

All das gilt übrigens auch, wenn Sie schon im fortgeschrittenen Alter sind und Enkelkinder haben.

Sie haben Teenager-Kinder im Schlepptau

Teenager sind innerlich zerrissen, und am allerschlimmsten ist es am Heiligabend. Sie können die Geschenke gut gebrauchen – vor allem, wenn sie aus Bargeld bestehen, denn das Datenvolumen fürs Smartphone kostet höllisch viel Geld, zumal sie über Weihnachten bei den Großeltern kein WLAN vorfinden. Also können sie es sich nicht erlauben, die gesamte Veranstaltung zu boykottieren. Aber bei alledem aktiv mitzumischen ist natürlich auch keine Option. Sie müssen eine kritische Distanz* beibehalten, sonst spricht sich am Ende noch rum, dass sie an diesem kitschigen Kram aktiv beteiligt waren. Die Geschenke nehmen sie also nur mürrisch entgegen, aber sie nehmen sie entgegen, zumindest wenn sie kurz von ihrem Smartphone lassen können, auf dem sie mit dem engsten Zirkel über die bekloppte Sippschaft ablästern.

Leider nicht mit Ihnen. Sie würden so gern mitmachen.

Aber lassen Sie die Teenager in Ruhe und legen Sie ein gutes Wort für sie ein, wenn andere die armen Küken beackern, dass sie doch gefälligst etwas für die Weihnachtsstimmung tun sollen.

Die Bescherung

Gerade mit Kindern am Heiligabend wird natürlich besonders großer Wert auf die Bescherung gelegt. Sie muss ein wundervolles, magisches und prägendes Erlebnis werden. Das wird versucht, indem man alle wichtigen Elemente

---

* Genauer: demonstratives Angewidertsein.

aus den Edgar-Allan-Poe-Verfilmungen mit Vincent Price in der Hauptrolle anwendet:

🍪 **Schatten:** Die Lichter werden gedimmt und Leute huschen gebückt herum.

🍪 **Geräusche:** »Horch!«, heißt es plötzlich, wenn von irgendwoher ein gespenstisches Glockenbimmeln ertönt, das wie das verzweifelte Wehklagen einer Frau klingt.

🍪 **Erkundung:** Das Kind wird auf die Spur des Christkinds (oder des Weihnachtsmannes, Santas, Gandalfs) geschickt und muss alleine und hilflos in die dunklen Räume, um nach dem Rechten zu sehen.

🍪 **Schock:** Urplötzlich wird das Licht wieder angeschaltet, alle gucken sich belämmert an und schreien plötzlich auf, weil sie die Geschenke entdeckt haben.

In der Summe wird daraus eine unvergessliche Erfahrung für das Kind, und einige Jahrzehnte später haben die Psychiater ihre helle Freude daran.

Wenn es um Ihre eigenen Kinder geht, sollten Sie so etwas natürlich vermeiden. Bringen Sie die Geschenke rein, stellen Sie sie hin, deuten Sie drauf und sagen Sie: »Da.« Ihr Nachkomme soll schließlich wissen, wer sich für den ganzen Klumpatsch in Schulden gestürzt hat.

Die Bescherung ist generell diese sinnlose Phase zwischen dem Abendessen und dem Weitertrinken. Weihnachtsfans versuchen, sie so lange wie möglich auszuwalzen. Immer neue Geschenke werden rausgeholt, immer höher die Müllberge.

Wenn Sie die Bescherung so kurz wie möglich halten wollen, zum Beispiel weil sowieso keine Kinder dabei sind, können Sie dafür sorgen:

🍪 **Zögern Sie das Abendessen raus.** Essen Sie besonders langsam. Das ist auch viel gesünder so und man will doch am Heiligabend nicht hetzen. Dafür werden alle Verständnis haben, auch wenn Sie doppelt so lange brauchen – und plötzlich ist kaum noch Zeit, die Bescherung in die Länge zu ziehen.

🍪 **Verpacken Sie die Geschenke so dünn, dass schon bei der Übergabe alles aufreißt.** Oder verpacken Sie es gleich gar nicht und begründen Sie es mit dem ökologischen Fußabdruck.

🍪 **Halten Sie sich nicht lange mit dem Bewundern der Präsente auf.** Bedanken Sie sich, räumen Sie alles weg. Beseitigen Sie unverzüglich alle Spuren der Bescherung. Schließlich sind Sie so ein ordentlicher Mensch.

Rituale

Der Heiligabend verkommt vor allem wegen ihnen schnell zu etwas, dessen Stunden sich ziehen wie nie enden wollender Kaugummi. Vielleicht versuchen Sie ja, diese zu unterbinden, aber Sie können davon ausgehen, dass mindestens eine Person dabei ist, die Weihnachten »so wie früher« feiern will, was in den meisten Fällen dem Hollywood-Kitsch der 50er Jahre entspricht:

🍪 **Es muss Weihnachtsmusik laufen.** Diese ist dann entweder schlecht arrangiertes Instrumentalgeklimper von Liedern, die Sie noch nie mochten, oder es handelt sich um das frisch erschienene Album des gerade angesagtesten Stars, der ihre oder seine Version ebendieser Ohrquäler aufgenommen hat. Letzteres ist eine doppelte Folter, denn die Lieder an sich sind schon schlimm, aber in der schleimigen Interpretation abgehalfterter Popstars besonders hirnerweichend. Natürlich dürfen auch die modernen Weihnachtslieder nicht fehlen, die seit Anfang November stündlich im Radio laufen und die üblichen Weihnachtsgefühle auslösen (Abscheu, Zittern, Übelkeit). Besorgen Sie sich vor Weihnachten einen Störsender, mit dem Sie den TV-Empfang und das Radio zu Rauschen umstellen. Holen Sie Ihre alten Metal-Schallplatten und -CDs raus und tauschen Sie diese gegen die alten Weihnachtsschnulzen aus.

🍪 **Die Steigerung der musikalischen Folter ist dann noch das gemeinsame Singen**, gern mit Begleitung per Keyboard, Flöte oder Akkordeon durchs Kind, das in den Wochen davor zum Üben gezwungen wurde.* Textsicherheit wird vorausgesetzt, aber Sie können auch einfach vor sich hin stöhnen, weil die Verwandten, die auf dem Singen bestehen, die Lieder mit so viel

---

* SONST GIBT ES KEINE GESCHENKE!

Inbrunst hinausschmettern, dass die Gläser klirren. Da fällt Ihr Widerwille gar nicht auf. Beenden können Sie die akustische Folter nur, wenn Sie einen Nervenzusammenbruch vortäuschen. Vielleicht müssen Sie auch nicht mal so tun, als ob. Wenn niemand wirklich mit Engagement am Singen ist, muss es deswegen nicht besser werden, denn Sie schlafen vor lauter friedlicher, einvernehmlicher Weihnachtsstimmung einfach ein.

🍪 **Es werden Anekdoten erzählt** – über Weihnachten. Plötzlich scheint das Leben nur noch aus Weihnachtsfesten zu bestehen. Die Verwandtschaft ergeht sich in Erinnerungen an andere Abende: als der Weihnachtsbaum in Flammen stand, als wegen Wintereinbruch alle absagen mussten, als das Essen verbrannt war oder irgendwer direkt am Heiligabend von irgendwelchen Krankheiten niedergestreckt wurde.* Eine endlose Parade von Erinnerungen, die Sie das ganze Jahr über erfolgreich verdrängt haben. Und an diesem Abend werden tolle neue Erinnerungen gemacht – ganz frische Katastrophen, die in den Folgejahren nostalgisch verbrämt werden.

---

* Weihnachten ist die logische Jahreszeit für Krankheiten. Freuen Sie sich, wenn nur irgendwem die Füllung rausbricht und Sie in die Zahnklinik müssen. Verbrennungen, Brüche und Herzinfarkte sind auch nicht ungewöhnlich. Und wenn Sie Kinder haben, haben Sie sowieso die Nummer der Kinderklinik auf dem Smartphone als Favorit markiert. Eine logische Erklärung, warum immer an Weihnachten Unfälle passieren und schwere Krankheiten eintreten, gibt es nicht, allerdings ist zu bezweifeln, ob Ethnologen bisher den Mut hatten, mit Medizinern zusammenzuarbeiten.

🎄 **Der Fernseher wird angeschaltet.** Das passiert, wenn die Stille zu peinlich wird und das unausgesprochene Einverständnis herrscht, dass ohne Fremdeinwirkung keine Weihnachtsstimmung entstehen kann. Traditionell haben Sie am Heiligabend im TV-Programm zwei Möglichkeiten: Sie schauen zu, wie im öffentlich-rechtlichen Fernsehen Ihre Gebührengelder verbrannt werden, oder Sie verfolgen auf den Privatsendern, wie Sylvester Stallone seine Feinde niedermetzelt. Der positive Einfluss auf die Weihnachtsstimmung ist in beiden Fällen identisch, allerdings werden Sie bei der »Großen Weihnachtsgala« im Ersten oder Zweiten früher und nachhaltiger zur Pulle greifen müssen. Die Wahrscheinlichkeit ist groß, dass Sie die oder der Einzige sind, der/dem der Sinn nach Rumgeballere im Fernsehen steht, also müssen Sie sich der Masse beugen.

🎄 **Alkohol** spielt natürlich auch am Heiligabend eine große Rolle, aber Sie sollten darauf achten, nicht schon beim Essen zu exzessiv zu trinken. Wenn Sie den Rest des Abends gut überstehen wollen, brauchen Sie noch Kapazitäten zu fortgeschrittener Stunde.

Der 1. Weihnachtsfeiertag – mehr Familie

Eigentlich müsste dieser Tag der Regeneration gewidmet sein, doch Weihnachten hat damit ja sowieso nichts zu tun. Wer über Weihnachten Erholung will, sollte Weihnachten ignorieren. Nur Anfänger glauben, dass der Tag nach dem 24.12. irgendwelche Entspannung mit sich bringt.

Traditionell wird an diesem Termin das Essen weitergeführt, das am Heiligabend begonnen wurde. Der größere Verwandtenkreis kommt zusammen. Aufs Frühstück können Sie vielleicht noch verzichten (begleitet vom Protest Ihrer Eltern) – aufs Mittagessen nicht. Es wird ausführlich eine Bestandsaufnahme des Heiligabends gemacht. Wer ist wie zufrieden mit welchem Geschenk und von wem ist es und warum? Dann gibt es Kaffee. Kurzum, dieser Tag ist die Fortsetzung des Heiligabends mit anderen Mitteln. Packen Sie genug Magentabletten ein, denn an diesem Abend werden Sie sich schwören, am nächsten Tag nichts mehr zu essen, und vielleicht werden Sie mit dieser absurden Selbsttäuschung sogar in den Schlummer abdriften.

Für Paare ist der 1. Weihnachtsfeiertag zudem der Tag für Plan B. Genauer gesagt für Familie B. Haben Sie den Heiligabend in der Gesellschaft von Familie A verbracht, müssen Sie unbedingt zum Mittagessen bei Familie B aufschlagen, sonst ist diese beleidigt. Selbst wenn sie im weniger zivilisierten Teil von Bulgarien oder dem Bayerischen Wald lebt. Entsprechend müssen Sie eine lange Fahrtzeit einplanen und Notfallproviant einpacken. Ausschlafen können Sie nicht, wenn längere Strecken anstehen.

Bei Familie B angekommen, beginnt das ganze Brimborium von vorne. Niemand glaubt Ihnen, dass Sie die letzten Tage tatsächlich schon was gegessen haben, und wenn Sie Kinder mitgebracht haben, sind diese natürlich schon heiß auf den nächsten Stapel Geschenke. So wird dieser Tag zu einem einzigen Rausch von Nahrung und Glitzer – also ein ganz typischer Weihnachtstag eben.

Widerstand ist zwecklos. Sie sind mitten in Weihnachten. Lassen Sie sich einfach treiben, dann tut es am wenigsten weh. Im Kopf planen Sie schon, dass Sie kommendes Jahr alles ganz anders machen werden. Geben Sie sich ruhig dieser wunderbaren Illusion hin. Sie ist das Einzige, woran Sie sich an diesem Tag noch hochziehen können.

Der 2. Weihnachtsfeiertag – die Restfamilie

Der Tag der Resteverwertung und beginnender Lähmung. Bei Ihnen macht sich das Gefühl breit, dass die Zeit stehengeblieben ist. Die ganzen Essens- und Kuchenreste der vergangenen beiden Tage müssen vertilgt werden, weil sie sonst schlecht werden, und die letzte Verwandtschaft gilt es noch abzuklappern, also all jene, für die bisher noch keine Zeit war. Dummerweise gibt es gleichzeitig aber auch wieder frischen Nachschub.

An diesem Tag hängen alle in den Seilen und hoffen, halbwegs würdevoll aus der Veranstaltung rauszukommen. Am Nachmittag haben selbst die härtesten Verfechter von »WEIHNACHTEN IST SO SCHÖN UND ICH KANN ›LAST CHRISTMAS‹ NICHT OFT GENUG HÖREN« so langsam genug und suchen ruhige Ecken im Haus, in denen zur Abwechslung kein Spekulatius rumliegt.

Wenn Sie Pech haben, z. B. weil Sie Teil einer Patchworkfamilie sind, müssen Sie auch an diesem Tag eine weitere Wegstrecke auf sich nehmen. Irgendwo im Land (oder auch außerhalb) gibt es immer Leute, die man eigentlich noch besuchen müsste und die man sonst das ganze Jahr nicht sieht. Kommen Sie nun also bei Familie C oder einfach nur an einem anderen Stützpunkt Ihrer Familie an – herzlichen Glückwunsch, es kommt zur dritten Wiederaufführung des Weihnachtsterrors.

Haben Sie das Glück, diesen Tag immobil verbringen zu können, sollten Sie es tun. Langsam kehrt auch in der Außenwelt wieder Normalität ein. Viele müssten am nächsten Tag wieder arbeiten, ja Sie vielleicht auch. Große Teile des Landes warten sehnsuchtsvoll darauf, dass morgen wieder die Geschäfte aufmachen, denn nach zweieinhalb Tagen ohne Einkaufsmöglichkeit verfallen viele Leute in Panik.

Vor allem dann, wenn Sie auch noch Gäste haben, die ja inzwischen halb ausgehungert sind und dringend wieder frische Sachen aufgetischt bekommen müssen!

Zwischen den Jahren – zwischen allen Stühlen

Weihnachten ist überlebt. Sie möchten gern durchatmen.

Das dürfen Sie auch, wenn Sie schon fliehen. Dann müssen Sie aber damit leben, dass niemand Sie mehr mag. Wer arbeitet denn zwischen den Jahren oder will noch andere Leute sehen? Das machen doch nur Leute, die es wirklich nicht anders können, aber wirklich freiwillig geht das doch nicht.*

---

* Vielleicht erlaubt Ihr Beruf ja, dass Sie nun wieder an die Arbeitsstätte zurückkehren können. Halleluja.

So wird auch der Tag nach dem 2. Weihnachtsfeiertag und die gesamte Spanne bis Silvester zu einem schwer verdaulichen Anhang dieser ganzen Zeit. Die Weltgeschichte dreht sich weiter, der ach so friedliche Heiligabend hat erstaunlicherweise auch keinen Krieg beendet und die ganze Menschheit wacht auf einem Planeten auf, der sich im Großen und Ganzen nicht verändert hat.

Außer dass einige von ihnen sich immer noch panisch an die Weihnachtsstimmung klammern und das bis Ende Januar tun werden.

Damit die Rückkehr ins echte Leben nicht allzu hart wird, sollten Sie, auch und gerade wenn Sie frei haben, sich mit interessanten Dingen beschäftigen, für die sonst im Alltag keine Zeit bleibt:

- ☞ Saugen Sie die Fußmatten im Auto von unten ab. Sie werden staunen, welche Lebensformen Sie dort vorfinden.

- ☞ Lesen Sie das Buch über die neue deutsche Rechtschreibung, das Sie 1998 gekauft haben. Besorgen Sie sich dann eine Übersicht der nachträglichen Änderungen, die inzwischen vorgenommen wurden, und nehmen Sie sich vor, diese bis kommendes Weihnachten zu verinnerlichen.

- ☞ Schreiben Sie ein Blog aus der Sicht Ihres Hamsters.

- ☞ Lernen Sie einen Tanz, den sonst niemand kennt und mit dem Sie auf jeder Feier Aufmerksamkeit erregen. Sie finden sicher etwas in einer Dokumentation über Ecuador oder über den Schwalm-Eder-Kreis.

- ☞ Gehen Sie ins Kino. Dort können Sie sich prima vor der Familie verstecken. Vielleicht haben Sie ja Glück und es läuft eine James-Bond-Retrospektive mit allen Filmen.

Was auch immer Sie tun – auf keinen Fall sollten Sie jetzt melancholisch werden. Melancholie führt zu Frust, Frust führt zu Wut, Wut führt zu ... guten Vorsätzen. Nein, Sie möchten nicht aus dem Jahr rausgehen wie diese Jammerlappen, die immerzu unzufrieden mit sich sind und sich sagen, dass im kommenden Jahr alles besser wird. Gerade diese Verdauungszeit zwischen den Jahren ist prädestiniert, Sie in diese Stimmung zu versetzen, damit Sie über Ihre Fehler nachdenken und sich völlig abwegige Gedanken in den Kopf stecken, wie alles besser werden kann.

Erfreuen Sie sich lieber ein paar Tage lang an dem Leerlauf, den Sie haben. Und kommen Sie auch nicht in Versuchung, sich wegen der Silvesterfeier verrückt zu machen. Wer weiß – vielleicht steht mit dem 31.12. ja schon die nächste Familienfeier an ...

Silvester mit der Familie

Normalerweise würden Sie mit Freunden losziehen, aber manchmal führen die Umstände dazu, dass Silvester zu einer Familienfeier wird. Sie haben selbst Kinder, für die an Silvester natürlich kein Babysitter aufzutreiben ist, und alle Freunde mit Kindern sind in den Skiurlaub geflohen. Oder Sie sind eingeschneit.

Wenn Sie Silvester mit Ihren kleinen Kindern feiern, müssen Sie viele Details beachten. Natürlich werden die Kleinen das Feuerwerk sehen wollen, sind aber schon frühzeitig müde. Halten Sie also ein Zimmer bereit, das mit Matratzen und/oder Schaumstoff ausgekleidet ist, um die Kinder zur Ruhe zu betten. Um 23:45 wecken Sie sie. Seien Sie dabei gnadenlos. Denn wenn Sie die Kids nicht aus ihrem Schlummer bekommen, damit sie das Feuerwerk anschauen können, werden sie um 6:28 wach, freuen sich auf die bunten Knaller am dunklen Himmelszelt – und weinen, weil sie es verpasst haben. Dann hilft auch keine Standpauke mehr. Nein, das Kind muss auf alle Fälle geweckt werden, sonst ist das Geschrei im Nachhinein groß. Falls ein Kind absolut nicht aufwacht, improvisieren Sie im Morgengrauen mit Servietten und Schwarzpulverresten ein Tischfeuerwerk.

Vielleicht sind Sie auch Single und haben keine Lust auf

diesen Terror, der immer mit Silvester in Verbindung gebracht wird. Für allzu viele Leute ist dieser Tag eine gewaltige Zäsur. In ihrer Wahrnehmung ist am nächsten Morgen alles anders, während Sie aufwachen und feststellen, dass Sie auch nur den alten Kalender wegschmeißen müssen. Also beschließen Sie, dass Sie dieses Jahr einfach den Weihnachtsurlaub verlängern und über Silvester alles ganz geruhsam angehen. Im kleinen Kreis. Ohne viel Aufhebens.

Sie dürfen davon ausgehen, dass so ein Silvester aus Fondue und Bleigießen besteht. Immerhin nicht aus Fotos von Ihnen in zweifelhaften Kneipen am Stadtrand. Falls Ihnen das Ganze dann doch über den Kopf wächst, täuschen Sie einen Anruf vor und erklären, dass der Sitter für Ihr Meerschweinchen kurzfristig ausgefallen ist und dass es sich bei lauten Geräuschen wie Feuerwerk immer in der Knusperstange in der Käfigecke verbeißt – Sie deswegen leider schon früher nach Hause müssen.

Schmelzkäse für Fortgeschrittene

Ethnologen sind sich nicht ganz einig, was die Gründe dafür sind, dass gerade an Silvester so viel mit Feuer, Einschmelzen und Explosionen durchgeführt wird – zum großen Teil direkt auf dem Tisch und vor aller Nasen. Das beginnt schon mit dem Essen. Es kommt keine normale Nahrung auf den Tisch, sondern Fondue oder Raclette. Also kauft man ein sündhaft teures Set, das traditionell nur an Silvester rausgeholt wird und den Rest des Jahres im Schrank zwischen dem Brotbackautomaten und dem Cocktailmixer vermodert.

Fondue und Raclette sind an Silvester deswegen so beliebt, weil die Vorbereitung eine Beschäftigung für die gesamte Familie ist. Und es ist auch nötig, alle einzuspannen, die ein Messer in der Hand halten können, ohne sich selbst schlimme Verletzungen zuzufügen, denn die Vorbereitung dauert mehrere Stunden, weil alles mundgerecht zusammengeschnitten wird. Traditionell fehlt dann irgendeine Zutat, ohne die für eine bestimmte Person ein Fondue nicht ein richtiges Fondue oder ein Raclette nicht ein richtiges Raclette ist. Bis schließlich der Tisch gedeckt ist und alles flüssig ist, was flüssig sein muss, ist der Abend schon zur Hälfte gelaufen.

Fondue und Raclette haben gemein, dass für einen großen Aufwand ein geringer Ertrag herauskommt. Machen Sie niemals den Fehler, sich dieser Art der Nahrungsaufnahme zu verschreiben, wenn Sie tatsächlich Hunger haben. Ist eine dieser beiden Käseverköstigungen angekündigt, sollten Sie rechtzeitig vorher substanzielle Nahrung zuführen, weil Sie ansonsten entweder verhungern oder – bei konsequentem Essen – die Arterien mit Appenzeller auskleistern. Jeder Bissen verlangt langwierige Zubereitung, und die Unterschiede sind:

- **Fondue:** Sie suchen sich die Dinge, die Sie essen wollen und haben schon dabei das Gefühl, eine Pinzette verwenden zu müssen. Dann spießen Sie einen kleinen Brocken auf, tunken ihn in die gelbliche Käsesoße, drehen ihn und ziehen ihn wieder raus. Wenn Sie vor Hunger nicht lange warten wollen und gleich reinbeißen, verbrennen Sie sich nicht nur Zunge und Gaumen, sondern gleich Ihre ganze Speiseröhre. Warten Sie zu lange, ist der Käse kalt und umhüllt Ihre Zähne wie die Zahnspange im fünften Schuljahr.* Es ist völlig egal, welche Art von Fleisch, Brot oder Gemüse Sie aufgespießt und dann versenkt haben. Jeder Bissen schmeckt nach Käse (und Schnaps).

- **Raclette:** Ist prinzipiell nicht so eine Sauerei, weil nicht so viel Käse wild rumtropft, aber satt werden Sie auch hier erst, wenn Sie nach dem Feuerwerk weiteressen. Raclette stellt Ihre Geduld auf eine noch größere Probe, da Sie erst auf dem Tischgrill das Fleisch zubereiten müssen (oder das Gemüse, wenn Sie so etwas mögen). Dann wird alles in ein Schälchen gegeben, mit Käse garniert und erhitzt. Der Inhalt des Schälchens entspricht je nach Körpergröße ein bis drei Bissen. Und schon beginnt das ganze Prozedere wieder von vorn.

Wenn Silvester als Familienfeier angegangen wird, ist man also an den Tisch festgenagelt, ob man will oder nicht. Es gibt keine Chance, sich mit seinem Essen in eine stille Ecke zu verziehen, die Konversation muss aufrechterhalten werden. Oder man verhungert.

Wer Fondue oder Raclette an Silvester gegessen hat, verbringt den Vormittag des 1. Januar mit Ausnüchterung und dem gleichzeitigen Abschaben von Käseresten und exzessiver Reinigung der Komponenten. Die ganze Woh-

---

* Und lässt sich genauso schlecht entfernen.

nung riecht wie eine Molkerei, die vor zwei Wochen vom Gesundheitsamt geschlossen wurde. Alle Gäste bestärken sich gegenseitig, wie toll und lecker und gesellig so ein Fondue doch ist, dann wird alles wieder im Schrank verstaut.

Und erst am nächsten Silvester wieder rausgeholt.

Entdecken Sie am 1. Januar mittelschwere Verbrennungen an Ihren Händen, ist das ein eindeutiger Hinweis, dass Sie schon vor dem Essen ein paar Kurze intus hatten.

Bleigießen – das Horoskop für Verklemmte

Kaum eine Silvestertradition ist langweiliger als Bleigießen – und gefährlicher. Unter Alkoholeinfluss mit geschmolzenen Metallen zu hantieren ist eher eine Beschäftigung für die Spanische Inquisition als für ein geselliges und produktives Beisammensein. Am Anfang sind alle damit beschäftigt, sich möglichst keine gefährlichen Verbrennungen zuzuziehen, um nicht noch vor dem großen Böllerschlag in der Notaufnahme zu landen, und dann wird gemeinschaftlich interpretiert, was man aus dem Wasser fischt. Sie können dabei Zu- und Abneigungen zu der Person, die gerade den Bleiklumpen in der Hand hält, gezielt thematisieren:

Bleiform	Positive Interpretation	Negative Interpretation
Gefrorene Träne	»Das Jahr wird für dich total toll, weil alle deine Tränen schon in dieser hier gebündelt sind.«	»HAHA, du arme Sau, das wird ein Drecksjahr!«
Bonsai-Karotte	»Das bedeutet, dass deine Gesundheit dieses Jahr deutlich besser wird.«	»Du verlierst deinen Job auf dem Gemüsemarkt.«

Dicke Warze	»Dieses Jahr wirst du deinen Körper in Topform bringen!«	»Dieses Jahr wirst du deinen Körper in Topform bringen!«
Im Waschbecken getrocknete Zahn-pastareste	»Diese Form verheißt viel Lächeln in den Frühjahrsmo-naten.«	»Du solltest mal wieder dein Waschbecken zu Hause putzen dieses Jahr.«
Altes Handy	»Du wirst dieses Jahr viel Kontakt zu alten Freunden haben.«	»Weil du so ein verranztes Handy hast, will kein Mensch mehr mit dir reden.«
Lederfußball mit halbem Luftdruck	»Dein Energie-Niveau wird dieses Jahr stark wachsen!«	»Dein Energie-Niveau ist noch nicht auf SEPA umgestellt worden und daher unwirk-sam.«
Explodierte Colafla-sche im Tiefkühlfach	»In diesem Jahr wirst du vor Tatendrang nur so platzen!«	»In diesem Jahr wirst du platzen.«
Von Chlorgeruch benebeltes Silber-fischchen	»Du wirst in diesem Jahr ganz neue Erfahrungen machen.«	»Mittelschwere Gasexplosion, irgendwann im Herbst.«

Der korrekte Umgang mit Böllern (Zielübungen)

Zu einer echten Silvesterfeier gehört, dass geballert wird, als wollte man den Dritten Weltkrieg auslösen. Dass es erst gegen Mitternacht passiert, wenn die Gäste nur noch wenig Blut im Alkohol haben, macht alles nicht harmloser. Und bei einem Familiensilvester, bei dem Leute anwesend sind, mit denen Sie sich schon mal in die Haare bekommen haben (vielleicht sogar an diesem Abend), ist die Situation besonders gefährlich.

Traditionell ist die betrunkenste Person auf der Silves-terfeier auch diejenige, die auf den Böllern besteht und am liebsten alle selbst anzünden will. Mit dieser Einstellung handelt es sich traditionell gleichzeitig um die Person, die am wahrscheinlichsten in einem Bett der örtlichen Klinik ausnüchtern wird.

Wenn Sie mit den anderen vor die Tür treten, sollten Sie darauf achten, immer einen Böller in der Hand zu halten und bestimmten Leuten nicht den Rücken zuzuwenden. Den Böller müssen Sie gar nicht anzünden, halten Sie ihn einfach gut sichtbar in der Hand und machen Sie einen wehrhaften Eindruck.

Achten Sie auf den Neigungswinkel der im Schnee oder in Flaschen steckenden Raketen und stellen Sie sich auf die jeweils andere Seite. Schlagen Sie jedes Angebot aus, Ihrerseits eine der Raketen anzuzünden. Entweder will Ihnen jemand einen besonders lustigen Streich spielen und hat die Raketen so präpariert, dass sie schon nach anderthalb Sekunden losgehen oder Sie machen sich im Schnee oder Nieselregen zum Affen, weil es Ihnen einfach nicht gelingen will, das verdammte Ding anzuzünden.

Unterdrücken Sie den Wunsch, einem ungeliebten Verwandten einen Knaller unterzujubeln, halten Sie sich im Hintergrund und zerren Sie nötigenfalls Leute aus der Schusslinie, die Ihnen am Herzen liegen.

Neujahrsempfang – Ich kann da nicht ausgenüchtert hin

Es soll Leute geben, die es für eine tolle Idee halten, am Neujahrstag zum Brunch zu laden. Logischerweise handelt es sich dabei um diejenigen in Ihrer Verwandtschaft, die selbst schon seit Jahrtausenden nicht mehr durchmachen und es für Punk halten, in der letzten Nacht des Jahres erst um Viertel vor eins ins Bett zu gehen. Wenn Ihre Silvesterfeier halbwegs in der Nähe war, sind Sie natürlich auch eingeladen, und natürlich handelt es sich in diesem speziellen Fall um Verwandtschaft, die man nicht über Weihnachten sieht*, weswegen man in der Pflicht steht, diesen Termin wahrzunehmen. Sonst sind alle beleidigt.

Silvester haben Sie entweder mit Freunden gefeiert oder mit der Familie. In beiden Fällen ist die Wahrscheinlichkeit groß, dass Sie nicht am nächsten Morgen um sieben Uhr erholt aus dem Bett hüpfen. Und wenn Sie nicht gefeiert haben, weil Sie Kinder haben oder zur Abwechslung mal ÜBERHAUPT KEINEN BOCK, dann sind Sie wie gerädert, weil Sie länger geschlafen haben als sonst, und tragen Kopfschmerzen Gassi, für die Sie sich genauso gut hätten betrinken können.

Kurzum, Sie kommen in einem jämmerlichen Zustand zum Brunch, was auch immer Sie am Vortag getan haben. Und damit geben Sie der Familie die perfekten Angriffspunkte für endlose Häme. Wollen Sie Ihr Gesicht wahren, sollten Sie den Kater also bestmöglich überspielen, klotzen Sie in dieser Hinsicht richtig ran!

---

* In jedem Verwandtenkreis gibt es dieses ältere Paar, das immerzu in der Weltgeschichte unterwegs ist, wenn Familienfeiern anstehen. Weil sie beim 60. von Tante Erna gerade auf Bali sind, können sie leider nicht kommen. Weihnachten verbringen sie traditionell mit Freunden in Südafrika. Bei der Hochzeit im August können sie nicht aufschlagen, weil sie da den lange geplanten achtwöchigen Urlaub in Kanada haben. Aber wenn sie selbst irgendwas feiern und die ganze Bande einladen, akzeptieren sie keine Entschuldigung. Da hat einfach jeder anzutanzen, sonst ist immerwährende Verachtung sicher.

Das beginnt mit dem Aufwachen. Geben Sie dem Kater keine Chance, vor Ihnen wach zu werden, sonst machen Sie die unangenehme Erfahrung, dass er ein oder zwei Stunden später stärker ist als Sie. Er wächst.

Sie müssen ihn schon vorher in die Schranken weisen. Dabei kennen Sie Ihren Körper am besten – hören Sie auf ihn! Folgen Sie nicht irgendwelchen Kalenderweisheiten (eingelegter, kalter Kabeljau hilft am besten oder so was), sondern greifen Sie auf Ihren Erfahrungsschatz zurück. Hausmittel helfen nicht alleine. Vertrauen Sie Ihren Körper der Pharmaindustrie an. Schauen Sie, was die Tagesdosis Ihres Lieblingsschmerzmittels ist und werfen Sie diese ein.

Duschen Sie. Ob kalt oder warm, das bleibt Ihnen überlassen. Auf alle Fälle lange.

Schminken Sie sich eine gesunde Gesichtsfarbe. Auch als Mann.*

Wenn die Fahrt zum Brunch Ihren Magen herausfordert, atmen Sie gleichmäßig durch den Mund und denken Sie an einen tropischen Strand.

Wenn Sie ankommen, schütteln Sie schnell alle Hände und suchen sich eine Ecke, in der Sie mit frischer Luftzufuhr sitzen können.

Rückfragen, warum Sie so grün sind oder ob Sie eine Krankheit haben, wischen Sie weg. Halten Sie sicherheitshalber den Weg zur nächsten Gästetoilette kurz.

Problematisch wird es, wenn andere Leute mit Ihnen reden wollen, was bei sozialen Anlässen öfter vorkommt.

---

* GERADE als Mann!

Wieder einmal stellen Sie fest: Je verkaterter Sie selbst sind, desto fitter sind alle anderen. Als hätten alle darauf spekuliert, dass Sie zerschossen ankommen, haben sie sich am Vortag zurückgehalten, kohlenhydratreiche Nahrung zu sich genommen und höchstens mal am Sekt genippt. Wenn jemandem auffällt, dass Ihr Hirn vergleichbar ist mit einem florierenden Braunkohletagebau und Ihr Magen sich wie ein paranoides Frettchen verhält, wird sich die ganze Bagage auf Sie stürzen und sich darüber lustig machen, dass Sie nichts vertragen. Daraus spricht nur der Neid, dass Sie beim Feiern keine Gefangenen machen.

Versuchen Sie, sich nicht in ausufernde Diskussionen verstricken zu lassen, durch die deutlich wird, dass Sie nicht sonderlich aufnahmefähig sind. Sie kennen Ihre Verwandtschaft ja gut – sorgen Sie einfach dafür, dass genau die Themen aufgegriffen werden, bei denen die anderen heiß laufen, während Sie sich in eine bequeme und passive Diskussionshaltung bringen können (also am besten liegend und mit dem Rücken zu den anderen).

Schwierig wird es dann allerdings mit der Nahrungsaufnahme, zu der Ihr Körper eigentlich noch nicht in der Lage ist. Gar nichts zu essen wäre eine Beleidigung des Gastgebers. Ein Neujahrsempfang ist in aller Regel ein Brunch, was für Sie den Vorteil hat, dass Sie gezielt die Sachen zusammenstellen können, die Ihr Körper nicht abstößt wie ein Kleinkind den Gemüseburger:

👉 **Brötchen.** Trockene Brötchen. Nehmen Sie kleine Bissen, kauen Sie langsam und konzentriert. Schlucken Sie so, dass die Nahrung die Speiseröhre Schritt für Schritt runterrutscht und ganz vorsichtig in die Magensäure steigt, statt sie zu überrumpeln.

👆 **Wasser.** Leitungswasser. Sorgen Sie für eine konstante Flüssigkeitszufuhr. Das gibt Ihnen außerdem einen guten Grund, warum Sie dauernd auf die Toilette müssen, wo Sie super Zeit schinden können.

👆 **Rohkost.** An einer Möhre oder einem Gurkenstück können Sie sich nicht nur ausführlich verlustieren, sondern halten dank des wenig intensiven Geschmacks auch Ihren Magen im Zaum.

👆 Bei althergebrachten Katerfrühstückskomponenten sollten Sie vorsichtig sein. Unmengen schwarzer Kaffee oder irgendwelche Fischgerichte müssen sich nicht unbedingt mit den Charakteristika Ihres ganz individuellen Magens vertragen. Gehen Sie in fremden Wohnungen bloß keine Experimente an. Wenn andere Ihre Lage erkennen und Ihnen raten, dass gegarter Lachs mit Erdnussbutter den Kater nur so wegpfeift, sollten Sie das in diesem Moment nicht probieren.

Sie hören schon die ganze Zeit Ihr eigenes Sofa rufen, und sobald Sie sich verabschieden können, sollten Sie es tun. Dieser Tag ist gelaufen. Strengen Sie sich nicht weiter an. Verlegen Sie das eigentliche Ausnüchtern auf den 2.1. Planen Sie für diesen Tag keinerlei Aktivitäten und keinen Umgang mit irgendwelchen Menschen ein. Schließen Sie sich nötigenfalls im Schlafzimmer ein.

Ostern –
Wie man sich den Frühling verdirbt

Die Zeit von Januar bis in den sehr frühen Frühling ist ruhig. Höchstens ein runder Geburtstag in der Familie stört den Frieden. Sie sind in diesen Monaten ganz bei sich. Draußen schmilzt irgendwann der Schnee und die Natur erwacht langsam wieder zum Leben. Alles könnte so schön sein – doch das bedeutet auch, dass der nächste Pflichtbesuch ansteht. Der mit den Eiern.

Hoffentlich haben Sie die Monate seit Weihnachten und Silvester gut genutzt, um wieder zu Kräften zu kommen. Wenn Sie sich an Weihnachten danebenbenommen oder beim Neujahrsbrunch in die Petunien gegöbelt haben, wird das zu Ostern intensiv thematisiert werden und Sie sind möglicherweise gezwungen, die ganzen Peinlichkeiten ein zweites Mal zu durchleben.

Grob ähnelt der Ablauf von Ostern dem von Weihnachten, aber in Details – sprich, in den alljährlichen Ritualen – unterscheiden sich die beiden Familienzusammenkünfte gravierend.

Karfreitag –
Einkehr oder Kehraus

Für die einen ist es ein Tag der Trauer, der Besinnung, der Stille. Für diejenigen, die an diesem Tag zur Familie anreisen müssen, die sich aufführt, als kehrte man von einer mehrjährigen Antarktisexpedition zurück – auch.

Wie bei der Ankunft zu Weihnachten versuchen Sie vergebens, alle Angebote eines mehrgängigen Begrüßungsessens auszuschlagen, das eh nur der Auftakt der Völlerei ist. Alles, was mit Fasten zusammenhängt, wird zwar offiziell unterstützt, weil es zu dieser Zeit gehört, aber aufzwingen kann man es ja auch niemandem – im Gegensatz zu einem Schweinebraten mit Klößen. Geben Sie irgendwann nach und schaufeln sich alles, was Ihnen aufgetischt wird, rein.

Egal, wie gut es Ihnen geht – am Karfreitag dürfen Sie keinesfalls offen gute Stimmung verbreiten. Manche Leute sind dann beleidigt, und vielleicht haben auch Sie solche in Ihrem Familienumfeld. Es wäre billig, wenn Sie an diesem Tag die ganze Zeit Slapstick-Filme schauen und lauthals lachen, um etwas Kontra zu geben. Es reicht schon, wenn Sie immerzu gute Laune haben, durchgehend lächeln und ganz besonders freundlich sind. Damit können Sie die allgemeine verordnete Schwere des Tages gut relativieren. Greifen Sie ruhig auch zu subtilen Mitteln, um den Tag nicht ganz so kummervoll werden zu lassen:

☞ Streichen Sie das Wohnzimmer Ihrer Eltern rosa.

☞ Kaufen Sie unterschiedliche Lufterfrischungssprays und mischen Sie diese, um ganz neue, sympathische Duftkreationen herzustellen.

☞ Spielen Sie auf Ihrem Smartphone immerzu entspannte Reggae-Musik ab. Sie müssen sie gar nicht laut einstellen, es genügt schon, wenn die Lautstärke knapp über der Wahrnehmungsschwelle liegt und so einen subtil-positiven Klangteppich ausbreitet.

☞ Verteilen Sie überall in der Wohnung Zettelchen mit Witzen drauf.

☞ Aktivieren Sie am Rechner Ihres Vaters einen Bildschirmschoner mit lauter lustigen Tierbildern und stellen Sie es so ein, dass er nicht ausgeschaltet werden kann.

Außerhalb des Hauses können Sie sich allerdings schnell unbeliebt machen, wenn Sie ausnehmend gute Laune verbreiten. In einigen Kulturkreisen herrscht sogar Tanzverbot. Achten Sie beim Spaziergang darauf, nicht versehentlich Tanzschritte zu vollführen oder besonders rhythmisch zu laufen – ruck, zuck verpasst das Ordnungsamt Ihnen einen Strafzettel und wirft Sie gleich in den Knast. Wahrscheinlich droht Ihnen das schon, wenn Sie es wagen, auf der Straße zu lachen.

Ostersamstag – Großeinkaufstag

Ein an und für sich sinnloser Puffertag zwischen Freitag und Sonntag, der besonders deswegen bemerkenswert ist, weil man sich an diesem Tag nur in den Einzelhandel begeben sollte, wenn man Selbstmordgedanken in sich trägt. Traditionell herrschen schon am Gründonnerstag kriegsähnliche Zustände an der Wursttheke, aber der Samstag stellt alles in den Schatten. Dass nur einer von vier Tagen für Einkäufe genutzt werden kann, versetzt einen Großteil der Deutschen in Panik, als würden jeden Augenblick die Hunnen einfallen und alle Kekse wegessen.

Familienbeschäftigung des Tages ist das Färben der Eier. Wenn Sie gern Sachen anmalen, die danach aufgegessen werden, tun Sie sich keinen Zwang an. Werden Sie widerwillig dazu eingespannt und verfügen Sie über die nötige Begabung, sollten Sie die Eier so originell wie möglich bemalen:

- Schwarz. Komplett. Tiefschwarz. Sieht unheimlich aus und schafft man sogar ohne jede Begabung.
- Malen Sie Landesflaggen drauf und essen Sie die Eier in der Reihenfolge auf, wie sie in der letzten Fußballweltmeisterschaft ausgeschieden sind.
- Fertigen Sie türkisblaue Zeichnungen von Küken an, als wären es Röntgenbilder.
- Malen Sie Winterlandschaften auf, als wäre das Ei eine Schneekugel.
- Zeichnen Sie Karikaturen von Familienmitgliedern drauf.
- Schreiben Sie in kleinen Buchstaben Hilfegesuche von eingesperrten Hühnern drauf, die zum Eierlegen gezwungen werden.

Deutlich mehr Spaß als bei der Kolorierung können Sie daran haben, die Eier im Haus der Eltern oder Schwiegereltern an originellen Orten zu verstecken, sodass nicht nur die Kinder am Sonntag bei der Suche vor eine Herausforderung gestellt werden, sondern auch im Spätsommer noch eine Überraschung auf die Hausbewohner wartet:

- Oben auf dem Küchenschrank.
- In den Winterschuhen im Keller.
- Ganz unten in der Sockenschublade.
- In Stehlampen.
- In der Garage unter den Sitzen der Fahrräder.
- Auf den Bäumen im Garten.*

Auch eine beliebte Tätigkeit am Samstag ist es, das Osterfeuer zu entzünden, stundenlang in die Flammen zu starren und darauf zu warten, dass es tatsächlich Frühling wird. Nutzen Sie die Gelegenheit, hässliche Möbel ins Jenseits zu befördern, die Jacketts aus den 80ern oder die Sammlung von Reisemagazinen. Das ist ganz im Sinne des Ostergedankens.

Ostersonntag – das große Rumeiern

Obwohl es an Ostern nicht um Geschenke geht**, hat sich eingebürgert, dass die Kinder beschenkt werden, damit sie ein paar Stunden Ruhe geben. Wenn Sie Ostern mit Kindern feiern, ist Ausschlafen also eine Utopie – genau

---

* Weisen Sie die Kinder ruhig darauf hin. Kinder klettern gern und fallen nur selten runter. Wenn sie begabt sind. Ansonsten haben sie einen netten Lerneffekt.
** Eigentlich auch nicht um Hasen, aber wenn die Menschheitsgeschichte eines bewiesen hat, dann, dass man etwas nur lange genug machen muss, bis alle der Meinung sind, es handle sich um erhaltens- und schützenswerte Folklore – und all diejenigen sind doof, die das anders sehen.

wie die Behauptung, dass Ärzte keinen Unterschied zwischen Kassen- und Privatpatienten machen. Verbringen Sie Ostern ohne irgendwelche Kleinwüchsigen, können Sie nicht nur ausschlafen, Sie sollten es auch tun, um noch etwas Kraft für den Tag zu sammeln. Sie brauchen sie für das ganze Essen.

Neben dem üblichen Mehrgängemenü werden Sie Eier essen, bis sie Ihnen aus den Ohren rauskommen. Nicht nur über Ostern, auch in den folgenden Wochen. Aus diesem Grund haben sich verschiedene Traditionen herausgebildet, die unter dem Deckmantel des Spaßes nur den Sinn haben, die übermäßige Eierpopulation zu vernichten, ohne dass irgendwer zu Recht die Verschwendung von Lebensmitteln anprangern würde:

☞ **Eierrollen.** Die Eier werden nacheinander einen Hang runtergekullert. Wessen Ei am weitesten rollt, hat verloren und muss alle Eier einsammeln. Und essen.

☞ **Eierwerfen.** Die Hardcore-Version des Eierrollens. Funktioniert genauso, nur dass die Teilnehmer hier sichergehen, dass kein Ei überlebt.

☞ **Osterwasser holen:** Vorgeblich ein Brauch, bei dem gesegnetes Wasser geholt wird und in manchen Kulturkreisen ein Fruchtbarkeitsritual. In Wirklichkeit geht es nur darum, auf dem Weg zum Wasser unauffällig ein paar Stiegen Eier im nächstbesten Waldstück zu entsorgen, weil man sie sonst alle essen müsste. Erkennt man auch daran, dass in den Tagen nach Ostern die

Waldtiere alle mit Lebensmittelfarbe an der Schnauze herumlaufen.

☞ **Eierwettessen.** Selbsterklärend. Selbst wenn Sie es nicht als offiziellen Wettbewerb durchführen, wird es so oder so dazu kommen.

Ostermontag – Wiederauferstehung aus dem Fresskoma

Vermeiden Sie an diesem und auch an den folgenden Tagen den Schritt auf die Waage. Die Zahl, die rund um Ostern angezeigt wird, ist total unrealistisch und vom Algorithmus in der Waage, der von Sonnenstürmen um diese Jahreszeit negativ beeinflusst wird, falsch nach oben aufgerundet worden. Es wird zwar noch einige Wochen dauern, aber spätestens im Juni sollte Ihr Gewicht wieder fast von allein in Dimensionen ankommen, die Sie selbst als realistisch empfinden.

Im Hinblick auf Familienfeiern ist der Ostermontag vor allem eines: der Abreisetag. Natürlich dürfen Sie nicht einfach so gehen, ohne sich noch mal den Bauch vollschlagen zu müssen. Außerdem gilt es, die Eierberge im Auto eingepackt zu bekommen, damit sie sicher nach Hause transportiert werden.*

Traditionell wird am Ostermontag auch der Sommer verplant. Wann ist welcher runde Geburtstag, wann und

---

* In Wirklichkeit finden sie natürlich ein würdeloses Ende in der nächsten Autobahnraststätte.

wo findet eine Hochzeit, eine Silberhochzeit oder Ähnliches statt. Seien Sie auf der Hut, dass Sie nicht jetzt schon versehentlich eine Zusage für irgendeine Feier im Spätsommer geben. Sagen Sie, dass Sie sich eine mentale Notiz davon machen, aber tragen Sie die Termine bloß nicht im Kalender ein.

Schließlich haben Sie auch die Ostertage erfolgreich überstanden und Ihnen bleibt nur noch der Heimreiseverkehr am Abend des Ostermontags. Geschlauchte Menschen schlurfen über Straßen und sitzen belämmert in Zügen. Überall im Land herrschen Enge, Verzweiflung und bunte Eier. Und Millionen Menschen warten darauf, dass endlich wieder die Märkte am Dienstag öffnen, denn seit dem Großeinkauf am Samstag sind schließlich schon wieder zweieinhalb Tage vergangen ...

Beerdigung

Bullshit-Bingo Beerdigung

Sperren Sie die Ohren auf. Wenn Sie einen solchen Satz hören, markieren Sie ihn. Haben Sie fünf in einer Reihe, verzichten Sie aus Pietätsgründen besser darauf, »BINGO!« zu rufen. Murmeln Sie es nur. Und holen Sie sich ein Getränk.

Immerhin haben wir schönes Wetter.	Die/der täuscht die Trauer doch nur vor!	Aber ein Testament hat sie/er gemacht, oder?	Die/der hätte aber auch kommen dürfen, wie es sich gehört.	Ganz schwarz ist dieses Kleid aber nicht.
Ewig nicht in der Kirche gewesen, aber hier das volle Programm bekommen …	Das ist doch kein Alter!	So eine schöne Beerdigung hätte ich auch gern.	Wenigstens musste sie/er nicht lange leiden.	Und was wird jetzt aus dem Haus?
Nu ja, in dem Alter kam es ja nicht über-raschend.	Der Pfarrer/Priester hat das total schön gemacht.	Eigentlich habe ich ja gerade Vorstands-sitzung.	Ich dachte, ich darf weiter vorne sitzen.	Alles hat mal ein Ende.
Hey, wir haben uns ja auch schon lange nicht mehr gesehen!	Es ist aber auch eine Erlösung.	Das war ein erfülltes Leben.	Was es wohl zum Leichen-schmaus gibt?	Ach, das ist aber eine nette Feier, trotz des trauri-gen Anlasses!

Die Zeremonie hätte ihr/ihm sicher gefallen.	Immerhin musste sie/er lange leiden.	Das Gesteck war doch spottbillig.	Hoffentlich bleibt mir so eine Beerdigung erspart. Verscharrt mich einfach.	Ich persönlich bin ja gegen Feuerbestattung.

Das Pokerface trainieren

Wenn Sie schon kein Fan von Familienfesten sind, so gibt es eine Art von Feier, bei der dann auch schon der Anlass selbst deprimierend ist. Handelt es sich um die Beerdigung einer Person, die Sie tatsächlich mochten, wissen Sie natürlich, wie Sie sich zu verhalten haben, nämlich genau so, wie diese Person es sich gewünscht hätte. Würdevoll, liebevoll, zurückhaltend. Oder wenn es im Sinne der verstorbenen Person wäre: fröhlich, lebensbejahend und optimistisch (auch wenn das diejenigen vor den Kopf stößt, die im Tod nur den Tod sehen, auch wenn die oder der Tote das gar nicht wollte).

Problematisch wird eine Beerdigung im Familienkreis, wenn Sie die verstorbene Person zuletzt getroffen haben, als Sie ihr noch auf Hüfthöhe reichten. Noch schwieriger wird es, wenn Sie die Person noch nie leiden konnten, vielleicht sogar aus guten Gründen eine große Abneigung gegen sie hatten. Ja, über die Toten nur Gutes, egal wie wenig es in manchen Fällen auch zutreffen mag, aber erfahrungsgemäß wird der größte Teil der Verwandtschaft genau die Betroffenheit heucheln, die bei Ihnen einfach nicht angeboren ist. Und die können Sie auch nicht erzwingen, selbst wenn das Begräbnisbrimborium alle Kaliber auffährt, um Ihnen einzubläuen, dass Sie VERDAMMT NOCH MAL

TRAURIG ZU SEIN HABEN: Alle laufen schwarz rum, alle flüstern, melodramatische Orgel, Lieder über Tod, Verderben und unbegründeten Optimismus im Hinblick auf ein Jenseits und dann wird auch noch jemand tatsächlich in der Erde versenkt.

Es ist also mehr als angemessen, wenn Sie sich vor alledem verschließen. Tun Sie es aber nicht zu offensichtlich, sonst sind Sie endgültig das schwarze Schaf in der Familie.*

Der Trick besteht darin, bei einer solchen Beerdigung nur körperlich anwesend zu sein und Ihre Wahrnehmung auf andere Sphären zu lenken.

Welches Mittel sich dazu beispielsweise eignet ... nun, wenn Sie dieses Buch bis hierhin gelesen haben (oder meinetwegen auch nur den Titel verinnerlicht), könnten Sie eine ungefähre Vorstellung davon haben, wie das funktioniert. Passen Sie nur auf, dass Sie nicht volltrunken zur Beerdigung kommen. Das wird nur beim engsten Familienkreis akzeptiert. Und Sie sollten auch während der Zeremonie darauf verzichten, Freund Flachmann zu konsultieren, denn wahrscheinlich werden Sie alle dasitzen wie die Hühner auf der Stange, und bei keinem anderen Anlass verfolgen die Argusaugen der Verwandtschaft derart genau, wer sich auf welche Weise verhält oder wie es um die Kleidung bestellt ist.

Besuchen Sie einen Volkshochschulkurs über Meditation, wenn Sie nicht von Haus aus dazu in der Lage sind oder bewusstseinsverengende Liköre Sie nicht in die passende

---

* Sollten Sie diese Position schon innehaben: Herzlichen Glückwunsch! Außerdem ist es ja nur angemessen, bei einer Beerdigung das *schwarze* Schaf zu sein.

Stimmung versetzen können. Verschließen Sie Ihren Geist vor den negativen Schwingungen und denken Sie sich an einen anderen Ort. Wenn Sie das hinbekommen, wirken Sie auf die anderen total in sich gekehrt und betroffen. Prima!

Gelingt Ihnen das nicht so ohne Weiteres, müssen Sie sich selbst ablenken. Achten Sie bei aller geistigen Abwesenheit oder Meditation nur darauf, dass Sie nicht wegpennen.

☞ Zählen Sie die Wörter auf den Blumengebinden und errechnen Sie die Quersumme.

☞ Singen Sie die Lieder eine Oktave höher oder tiefer mit – und um eine halbe Sekunde verspätet. Erfreuen Sie sich an den zunehmend schrägeren Tönen um Sie herum, weil alle von Ihnen verwirrt werden.

☞ Überlegen Sie, was Sie in der Schule auswendig lernen mussten und versuchen Sie, es im Geiste zu rezitieren.* Falls es Ihnen gelingt, unterdrücken Sie ein Grinsen, indem Sie an die Lehrerin oder den Lehrer denken, die oder der Ihnen so was aufgezwungen hat.

Die Zeremonie geht irgendwann rum, auch wenn Sie es sich zwischendurch wahrscheinlich nicht vorstellen können. Schalten Sie beim anschließenden Begräbnis auf Autopilot und seien Sie nicht erstaunt, wenn doch kurz wahre Emotionen bei Ihnen durchkommen. Über all das Getöse, das Brimborium und den sicher heranrauschenden

---

* »Festgemauert in der Erden steht die Form aus Lehm gebrannt ...« Den Rest kriegen Sie sicher zusammen. Wenn Sie nicht weiterwissen, fragen Sie leise die Leute, die in Ihrer Nähe sitzen.

Erbstreit hinweg werden Sie bei jeder Beerdigung diesen kurzen Moment erleben, der größer ist als Sie selbst. Ein Augenblick universeller Betroffenheit, ein Wimpernschlag, der ewig zu dauern scheint.

Das ist nur menschlich. Machen Sie sich keine Sorgen deswegen.

Erfolgreich Häme verbergen

Ihre Selbstbeherrschung wird auf die ultimative Probe gestellt, wenn Sie die Beerdigung einer Person besuchen müssen, die Sie rechtschaffen gehasst haben. Das können solche Leute sein:

- Diejenigen vom politischen Ende des Spektrums, das aus Stammtischparolen, Zigarettenqualm und bellendem Lachen besteht.
- Diejenigen innerhalb der Familie, die wirklich niemand mag (was historische Gründe hat, die natürlich längst niemand mehr rational erklären kann).
- Diejenigen, die Sie als Kind immer in die Wange gekniffen haben und der Meinung waren, dass Sie Ihre Zeit mit sinnlosen Dingen verschwenden.
- Diejenigen, die keinen Hehl daraus gemacht haben, dass die Abneigung beiderseitig ist.

Fernbleiben möchten Sie dieser Beerdigung auch nicht – warum sollten Sie diese Genugtuung wegschenken, hier einen Abschluss finden zu können? Also gehen Sie hin und versuchen, sich auch bei diesem Anlass nicht Ihr wahres Gefühlsleben anmerken zu lassen:

☞ Sie bemühen sich, ganz leise zu sprechen.

☞ Sie tragen immerzu eine Sonnenbrille. Damit niemand sieht, wie Ihre Augen leuchten.

☞ Regelmäßig schieben Sie sich ein besonders saures Bonbon in den Mund, das Sie eigentlich total eklig finden.

☞ Wenn jemand lobende Lügen über die oder den Verblichenen erzählt und dass es eigentlich ein herzensguter Mensch gewesen ist, die oder der halt manchmal falsch verstanden wurde, bekommen Sie eine derart schlimme Hustenattacke, bis alle sich nach *Ihrem* Wohlbefinden erkundigen.

Die eigene Beerdigung

Je unbeliebter die zu beerdigende Person war, desto wichtiger war ihr zu Lebzeiten, dass da eine großartige Zeremonie dargeboten wird, wenn es so weit ist. Alle, die dorthin müssen, sind sich dessen bewusst und können sich nicht dagegen wehren, ohne dass wieder andere, die genauso ticken, das Wegbleiben zum Anlass nehmen, sich zu echauffieren. Sie können daraus vor allem lernen, dass Sie nicht zu diesen Leuten gezählt werden möchten. Wenn Sie sichergehen wollen, dass die Trauershow bei Ihnen nicht abgezogen wird, können Sie dafür sorgen, indem Sie notariell festhalten, was und wie alles ablaufen soll:

LETZTER WILLE
Nicht verhandelbar, nicht veränderbar.

Vorwort

Bevor irgendwer meint, sich meinen Regelungen widersetzen zu wollen, möchte ich klarstellen, dass ICH tot bin. Und ich bin darüber am allerwenigsten erbaut. Niemand muss so tun, als wäre das für sie oder ihn genauso schlimm. Sollte jemand der Meinung sein, meinen Tod fürs eigene Vorankommen missbrauchen zu wollen, gibt's Ärger mit mir. AUCH AUS DEM JENSEITS!

§ 1

Keine Sau ist gezwungen, auf meine Beerdigung zu kommen. Ich bin auch niemandem böse, der wegbleibt, und niemand muss komische Ausreden konstruieren. Glaubt mir, ich bin tot und habe andere Sorgen, als darüber Buch zu führen, wer denn nun da ist oder nicht. Ich kann auch gern auf Beileidskarten verzichten. Auch auf E-Mails.

§ 2

Allerdings will ich auch nicht, dass irgendwelche Leute aufkreuzen, die nur sichergehen wollen, dass ich wirklich verscharrt werde. Sollte so jemand antanzen, wird sie oder er sofort des Feldes verwiesen. Da vertraue ich der Schwarmintelligenz der Leute, die willkommen sind. Ihr wisst, wer ihr seid.

§ 3

Wer nur zu meiner Beerdigung kommen will, weil sie oder er ein schlechtes Gewissen hat (ein geliehenes Buch nicht zurückgegeben, mich angelogen, mir die Freundin/den Freund ausgespannt), ist auch entschuldigt. Wenn ich genauso drauf wäre, hätte ich die letzten Jahre andauernd zu irgendwelchen Beerdigungen gemusst.

§ 4

Von emotionalen Beileidsbekundungen bitte ich abzusehen. Genauer gesagt: die sind verboten. Wer mir Emotionen mitteilen wollte, hätte das zu Lebzeiten tun können. Wer das nicht getan hat – siehe § 3.

§ 5

Wer nun wirklich bei der Beerdigung ist, sollte gute Laune mitbringen (und Kartoffelsalat, falls den niemand anders macht). Selbst wenn mein Tod unerwartet eingetreten ist, kann man ja nicht behaupten, dass er unumgänglich gewesen wäre.

§ 6

Jetzt ist aber mal gut. Lebt weiter.

Eine Utopie: die perfekte Feier

Als Gastgeberin oder Gastgeber können Sie viel dafür tun, dass eine Familienfeier keine traumatische Erfahrung für alle Anwesenden wird, und sogar als Gast haben Sie Gestaltungsmöglichkeiten, derer Sie sich bewusst sein sollten.

Unabhängig davon, was der Anlass für die Feier ist, können Sie in die Rolle des Masterminds schlüpfen, das genau die Stellschrauben justiert, die eine Feier hemmen können. Vielleicht werden Sie die Utopie einer perfekten Feier, die auf Jahrzehnte im kollektiven Gedächtnis der Teilnehmer verbleibt, nicht erreichen können, aber der Versuch allein ist bereits ehrenwert.

☞ Sie haben schon einen exzellenten Überblick, welche Teile der Familie miteinander kompatibel sind und welche nicht. Wenn es eine Platzordnung gibt, optimieren Sie diese heimlich, zur Not auch während die Leute schon die ihnen zugewiesenen Plätze suchen. Ohne Vorgaben wird es noch leichter. Begrüßen Sie die Familienmitglieder so herzlich, dass sie bereitwillig in Ihrem Fahrwasser an den Plätzen landen, die Sie für sie ausgesucht haben. Fördern Sie die Clusterbildung nach Interessen und Alter, sodass alle in ihrer Peergroup landen. Legen Sie dabei besonders großen Wert darauf,

die Nörgler, Grantler und Besserwisser in einer abgelegenen Ecke zu platzieren, von der aus sie möglichst
wenig Kontakt zur Außenwelt haben.

☞ Vorsicht ist besser als Nachsicht. Beschaffen Sie sich
die Telefonnummer des Catering-Services und fordern
Sie für den Tag X stündliche Status-Updates an. Geben Sie sich als offiziellen Partyplaner aus und lassen
Sie sich nicht auf Verhandlungen im Hinblick auf die
Befehlskette ein. Sehen Sie zu, dass die Nahrungsmittel alle zur rechten Zeit am rechten Ort sind und
dass sie frisch genug sind. Lassen Sie sich regelmäßig
Geschmacksproben bringen, bevor diese aufgetischt
werden. Optimieren Sie die Anordnung der Büfettkom-
ponenten, bevor es eröffnet wird.

☞ Erkundigen Sie sich bei den üblichen Verdächtigen im
Familienkreis, wer irgendwelche Reden halten oder
Programmpunkte vorführen möchte. Lassen Sie sich
genau erklären, was dabei geschehen soll und machen
Sie nötigenfalls einen Testlauf hinten im Hof. Wenn
die Rede oder die Aufführung nichts taugen, sollten Sie
der Person erklären, dass die Zeit für sie noch nicht
reif ist und dass sie noch etwas üben soll, es aber noch
schaffen kann, wenn sie nur an sich glaubt. Das kann
den Brautvater genauso betreffen, der partout keine
lustige Rede hinbekommt, wie auch das Flötenspiel des
Urenkels, das einfach nicht den heutigen Standards
genügt.

☞ Wichtig ist, dass im Vorfeld das Getränkesortiment optimiert ist und bei der Feier selbst niemand auf dem Trockenen sitzt. Orchestrieren Sie die Bedienung, falls sie damit überfordert ist, rechtzeitig alle zu beliefern. Prägen Sie sich motivierende Sprüche für Boxer und Topmanager ein, die Sie der Bedienung zurufen können.

Der Idealfall tritt natürlich ein, wenn überhaupt nichts getan werden muss, sondern eine Feier einfach funktioniert. Das hat leider mit den genannten Stellschrauben manchmal überhaupt nichts zu tun, sondern … ergibt sich. Einfach so. Es entsteht eine zwischenmenschliche Dynamik, die sich kaum in Bahnen lenken lässt und die Sie dann auch nicht weiter befeuern müssen. Nur hier und da können Sie vielleicht das Partyfeuer weiter anfachen, indem Sie die richtigen Leute zusammenbringen. Der Rest geht von selbst.

Wenn das geschieht, lehnen Sie sich zurück und genießen Sie die Abfahrt. Die perfekte Feier werden Sie vielleicht nie erleben, aber eine Annäherung ist ja auch viel wert.

Nachwort

Familienfeiern sind Momentaufnahmen.

Wie viele von ihnen Sie erleben, wird Ihnen erst bewusst, wenn Sie die Fotos sehen. Die meisten Feiern rauschen an Ihnen vorbei, bestehen aus Händeschütteln, Geschenken, Erinnerungen, Erklärungen, Verbrüderungen, Entschuldigungen, Beleidigungen und, ja, auch Feiern.* Sie haben kaum Luft zum Innehalten, zum Atmen. Einigen Gästen gehen Sie gezielt aus dem Weg, bei anderen erkennen Sie erst beim Betrachten der Fotos, dass sie überhaupt da waren. Sie kämpfen in einem Wirbelsturm aus Essen und Büfetts, schlagen sich mit Verkehrsmitteln jeder Art auf dem Hin- und Rückweg herum, sinken nach jeder Feier erschöpft aufs heimische Sofa und hoffen, dass es noch etwas hin ist, bis es zu einer Neuauflage kommt.

Zwischendurch müssen Sie als Gastgeberin oder Gastgeber daran glauben. Da sitzen Sie immer bei den Familienfeiern rum und versuchen, sie irgendwie zu überleben, und plötzlich stehen Sie in der Verantwortung, etwas auf die Beine zu stellen, was *Ihre* Gäste nicht dazu bringt, »Ich kann da nicht nüchtern hin« zu stöhnen.

Und ruck, zuck ist wieder ein Jahr rum und der Reigen

---

* Und Alkohol. Natürlich.

der Familienfeiern beginnt von vorn, wenn auch mit anderen Geburtstagskindern und Hochzeitspaaren, in einem anderen Rahmen.

Eine gute Familienfeier kann ein Meilenstein sein – ein Ereignis, an das man sich gerne erinnert und das ein Fixpunkt in der persönlichen Geschichte oder der der Familie wird. Eine Feier, die es schafft, sich nicht auf Klischees zurückzuziehen, sondern durch die Begeisterung der Feiernden zu einer Art Naturereignis wird.

Oder etwas, das man am liebsten auf immer aus allen Gedanken verbannen möchte.

Ob Sie jede Familienfeier mitmachen oder sich regelmäßig verweigern – Sie brauchen Charakterstärke, Sturheit und ein dickes Fell. Sie müssen ja nicht ausschließlich negativ an eine Familienfeier herangehen (außer bei denjenigen, bei denen Sie schon im Vorfeld wissen, dass eh alles verloren ist), aber treten Sie ruhig als kritischer Geist auf, der nicht zulässt, dass die Feier nur den uralten Riten folgt, die sich mal irgendwer überlegt hat, der nicht Sie waren. Spielen Sie damit und haben Sie Spaß. Drehen Sie den Spieß um, wo immer Sie können, und wenn gar nichts mehr hilft, gehen Sie auf einer Familienfeier einfach den anderen auf die Nerven. Ist das nicht möglich, schalten Sie nicht nur die Ohren, sondern auch alle anderen Sinnesorgane auf Durchzug. Eine Familienfeier ist kein Dauerzustand. Sie geht vorbei. Flüstern Sie sich das als Mantra immer wieder ein, wenn der Wahnsinn Sie zu packen droht.

Planen Sie danach eine längere Erholungszeit ein.

Denn die nächste Feier kommt bestimmt.

Bullshit-Bingo Feier-Abend

Sperren Sie die Ohren auf. Wenn sich die Feier dem Ende zuneigt und Sie einen solchen Satz hören, markieren Sie ihn. Haben Sie fünf in einer Reihe, rufen Sie »BINGO!« (auch wenn es keinen mehr interessiert) und holen Sie die letzte Runde.

Wird es schon hell?	Wie lange braucht ein Taxi bis hierher?	Wo ist eigentlich meine Frau/ mein Mann?	War doch eine ganz schöne Feier.	Hm, das letzte Bier hätte ich vielleicht nicht trinken sollen …
Hatte ich eine Jacke mitgebracht?	Wenn ich vor zwei Stunden gegangen wäre, hätte ich noch die letzte Bahn erwischt.	Ob jemand noch was vom Büfett aufwärmen kann?	NATÜRLICH lohnt es sich, jetzt noch ein Fässchen anzustechen.	Wo ist eigentlich meine Unterhose?
Der verträgt aber auch nichts mehr.	Ich weiß auch nicht, wann die gegangen ist.	Was machen wir jetzt mit dem angefangenen Abend?	Komm, wir setzen uns an die Theke.	Früher hat eine Feier um die Zeit erst so richtig begonnen.
Der Kuchen muss doch auch noch irgendwo stehen.	Ich glaube, es hat niemand direkt aus der Weinflasche getrunken.	Leg dich ruhig auf die Bank. Ist ja kaum noch wer da.	Wer liegt eigentlich da hinten?	Wer hat eigentlich auf dem Klo diese Sauerei gemacht?
Ich gehe immer als Letzter.	Was, die jungen Leute sind schon weg?	Wie, die Tür geht nicht mehr auf und wir sind eingeschlossen?	Nee, wir sollten nicht schon anfangen, die Tische abzubauen.	Prost!

Falko Löffler
Bin ich blöd und fahr in Urlaub?

240 Seiten
ISBN 978-3-442-15819-5
auch als E-Book erhältlich

Ihr ganzes Leben besteht nur aus hektischem Gedrängel, Coffee to go und Economy Class? Steuern Sie in Ihrer knappen Freizeit möglichst exotische Urlaubsziele an, um jeden einzelnen ihrer 358 Facebookfreunde damit zu beeindrucken? Fühlen Sie sich genervt von den Versprechungen der Erlebnisindustrie, erschöpft von der ewigen Mobilität und wollen einfach mal Ihre Ruhe haben? Dann ist dieses Buch goldrichtig für Sie: Es erklärt Ihnen, wie gut es tut, nicht zu verreisen, und gibt Tipps, wie Sie nicht durchdrehen, wenn Sie doch einmal unterwegs sein müssen. Der Weg ist nicht das Ziel, sondern das Problem! Gehen Sie gut gelaunt damit um und zeigen Sie dem Urlaubsstress die rote Karte.

www.goldmann-verlag.de
www.facebook.com/goldmannverlag

G GOLDMANN
Lesen erleben

Um die ganze Welt des
GOLDMANN-*Sachbuch*-Programms
kennenzulernen, besuchen Sie uns doch
im Internet unter:

www.goldmann-verlag.de

Dort können Sie
    nach weiteren interessanten Büchern *stöbern*,
    Näheres über unsere *Autoren* erfahren,
    in *Leseproben* blättern, alle *Termine* zu Lesungen und
    Events finden und den *Newsletter* mit interessanten
    Neuigkeiten, Gewinnspielen etc. abonnieren.

Ein *Gesamtverzeichnis* aller Goldmann Bücher finden
Sie dort ebenfalls.

Sehen Sie sich auch unsere *Videos* auf YouTube an und
werden Sie ein *Facebook*-Fan des Goldmann Verlags!